KB167102

해양 인문학

다시 생각하는
해양문명과 해양성

김태만 지음

차례

책을 내며

책을 내며

필자가 바다와 인연을 맺은 건 베이징 유학을 마치고 돌아와 한국해양대학교에 적(籍)을 두면서부터다. 해양으로 특화된 학교 특성상 나 자신의 전공보다는 해양을 강조한 과목의 강의가 필요했다. 자연히 중국 문학이니 지역 문화니 하는 영역도 해양에 관련지어 연구하게 되었고, 그와 관련한 연구 과제에 공을 들이기도 했다. 해양문화학회를 조직하거나 해양인문학의 현황과 과제에 대한 고민도 해야 했다. 국회해양포럼이나 해양수산부 산하의 해양르네상스위원회에도 참여했고, 부산항(북항)재개발에 있어서 '해양문화콘텐츠 활용방안'에 관한 용역과제도 수행했다.

해양성·해양문명·해양인문학에 관한 보다 본격적인 고민이 시작된 계기는 한국연구재단 BK+ 사업의 일환으로 〈해양문화콘텐츠융복합사업단〉을 꾸리면서다. 이 사업은 석·박사생을 양성하는 7년 과정의 프로그램으로, 해양미술, 해양영상, 해양사진, 해양문학, 해양문화, 해양교류, 해양건축, 해양디자인, 해양전시 등과 관련된 석·박사생을 교육하면서 해양에 대한 필자 자신의 고민과 연구가 더욱 깊어지게 되었다.

개인적인 노력과는 별개로, 해양에 대한 학계나 대중적 관심은 그다지 높지 않았다. 특히, K-MOOC에 등재된 해양 관련 교과목이 2019년 이전까지는 전무했다. 이러한 사실을 알게 된 한국해양대학교 교수학습개발원에서 나에게 해양과 관련한 대중적인 강의를 개설해 줄 것을 요청했고 (사실 요청이라기보다 농담 조금 보태 강제나 다름없었지만) 그 필요성을 누구보다 잘 알고 있던 터라 긍정적으로 화답할 수밖에 없었다.

나는 2019년 2학기 내내 그동안 여기저기 끄적여 둔 메모나 칼럼, 자투리 원고 등을 모아 강의용 교재로 만드는 작업을 틈틈이 진행했다. 그리고 그해 겨울방학을 이용해 25분짜리 강의 영상 16편을 우여곡절 끝에 완성했다. 「해양과 문화」라는 제목으로 K-MOOC 사무국에 탑재 신청을 한 다음에도 오랜 기간에 걸쳐 영상보정 작업을 해야 했으며, 2020년 겨울이 되어서야 최종적으로 탑재가 결정되었고, 2021년 봄에 비로소 첫 수강 신청을 받았다. 강의 요청을 받은 지 햇수로 3년 만에 강의를 내보일 수 있게 된 것이다. 해양인문학 관련 강의가 그토록 드물어서인지, 아니면 내가 나름 애를 쓴 덕분인지는 알 수 없지만 수강 신청은 나름 성황이었다고 한다.

그렇게 강의가 전국적으로 알려지고 있을 즈음, 나는 뜻밖에도 국립해양박물관장에 보임 받아 업무에 임하고 있었다. 대학에서 오랜 시간 해양문화나 해양인문학을 강의하고 이런저런 연구나 사회 활동을 하긴 했어도, 국립해양박물관장이라는 직함은 다소 과분한 자리였다. 그럴수록 자리에 맞는 역할을 다하기 위해 더욱 정진해야 했다. 특히 내가 부임한 때가 국립해양박물관 개관 10주년을 앞둔 시점이라 기존 사업에 대한 내부 성찰이 필요했다. 나아가 국립해양박물관의 내용과 형식에 대한 재점검은 물론, 대한민국을 대표하는 해양박물관으로서 위상을 정립하기 위한 방향성 재고와 비전 제시도 큰 과제였다. 이 자리야말로 내가 지금까지 고민해온 해양성이나 해양문명에 대한 과제를 보다 실천적으로 모색해볼 수 있는 현장이었기 때문에 박물관장직을 맡고 난 이후 나의 고민은 더욱 치열해지고 구체화되었다.

국립해양박물관이라고는 하나 역사가 일천한 데다, 관련 학예사들의 학문 베이스가 해양보다는 육지 중심의 고고학, 사학, 민속학, 문화인류학 등이 주를 이루고 있었고 해양에 관한 본격적인 토론이나 교육도 변변찮았기 때문에 해양적 사고에 바탕을 둔 '해양박물학'을 구축하기에는 역부족이었다. 내가 부임하기 전에 이미 2021년도 사업으로 설계되어 있던 기획전 『심연의 상상』, 『고지도 : 수평선 너머의 세계를 그리다』와 테마전 『조선(造船)의 나라, 조선(朝鮮)』 등의 전시연출에 해양성이 더욱 강화될 수 있도록 독려했다. 2022년 하반기에는 『한중 해양문명의 교류』와 『전쟁과 평화 : 임진왜란에서 조선통신사의 길로』 등의 전시 기획이나 국립해양박물관 최초의 국제심포지엄 「Insight into the Ocean : 해양문명과 해양성」의 개최를 통해 본격적으로 해양과의 거리를 좁히고 해양인식의 폭을 확장해 한계를 극복하려고 애썼다.

그러던 차에 나의 K-MOOC 강좌 「해양과 문화」가 전국 1,358개 강좌 중 이수율이 4위를 했다는 소식을 접하게 되었다. 이수율이란 수강생이 종강까지 이탈하지 않고 마지막까지 충실히 수강한 비율을 의미하지만, 강의를 평가할만한 대단한 기준이라 할 수는 없다. 그러나, "이수율 1, 2, 3위 강좌가 각각 5인, 20인, 2인의 강사가 콜라보 형식으로 진행한 강좌라는 점을 감안한다면 강사 1인이 처음부터 끝까지 이행한 강좌로서는 1위"라는 주변의 축하와 평가를 접하니 뿌듯함은 더욱 컸다. 또한 이러한 성과를 계기로 해양에 대한 대중의 관심이 마냥 낮기만 한 것은 아니라는 사실을 조금은 실감할 수 있었다.

"강의 만으로가 아닌 더 많은 사람에게 해양문화를 소개할 수 있도록 책으로 발간하면 좋겠다."는 호밀밭 출판사 장현정 대표의 정성어린 제안은 컴퓨터 하드 디스크에 잠자고 있던 강의 자료를 다시 끄집어내게 했다. 개조식의 문장을 서술체로 재편하고 좀 더 자료를 보충해 단행본 책자로 출판하기로 했다. 예상했듯 이 작업에는 많은 시간과 공력이 들어가야 했는데, 그 어려운 일을 김성환 작가가 담당해주었다. 그는 책읽기를 업으로 삼아 독서운동을 하면서 스스로도『우리가 글을 쓴다면』등의 저술을 통해 치열한 글쓰기를 실천하고 있는 젊은 작가다. 윤문과 자료 보완 작업은 호밀밭 출판사의 하은지 선생이 팔을 걷어붙이고 맡아주었다.

책 내용의 이해를 돕기 위해 본문에 사용한 사진은 필자가 직접 촬영해 소장해온 것이 대부분이다. 그리고, 보다 전문적인 사진자료 확보를 위해 전문가들의 도움도 받았다. 필자가 아는 한 해양수중사진으로는 최고 전문가라 할 국제신문 박수현 국장을 비롯해 유럽여행전문가 라 스트라다 정, 국내 오지 및 도서지역 여행 전문가 왕초 윤태옥 선생,『우즈베키스탄에 꽂히다』의 저자 최희영 선생 등이 소장 사진을 흔쾌히 제공해 주었다. 그밖에도 한국해양과학기술원(KIOST) 김웅서 원장, 국립해양문화재연구소, 국립해양박물관, 부산항만공사, 제주특별자치도, 팬스타크루즈 등에서도 기꺼이 사진을 보내

주었다. 이 모든 분들의 땀과 노력이 바다를 이루지 않았더라면 이 책은 탄생하지 못했을 것이다. 이 자리를 빌려 진심으로 감사드린다.

이 책은 어떤 해결책을 제공하지는 않는다. 볼품없이 울퉁불퉁한 문제의식을 던짐으로써 학계나 대중들이 해양성, 해양문명, 해양인문학 등에 대해 다시 생각하는 계기가 될 수 있기를 희망할 뿐이다.

2022년 9월

국립해양박물관에서

저자 김태만

일러두기

1. 단행본, 정기간행물, 전시는 겹낫표로, 글, 논문, 기사, 강연, 노래, 작품(미술, 영화, 방송프로그램 등)은 홑낫표로 표시했다.

2. 외국 지명, 인명 등은 국립국어원 외래어 표기법을 따르되 몇몇 경우는 관용적으로 표현했다.

3. 사진 및 그림의 제공자 및 기관명은 사진 아래 밝혀두었으며, 인터넷을 통해 얻은 사진 또한 소정의 절차를 거친 뒤 출처를 명기해 활용했음을 밝혀둔다.

들어가며

해양인문학으로의 여정

해양인문학으로의 여정

인류는 태어나면서부터 미지의 세계에 대한 동경으로 충만한 존재였다. 늘 동트는 새벽의 태양을 바라보면서 태양이 떠오르는 그곳을 향한 떠남을 준비했었다. 모험과 탐험은 호기심을 충족시키기 위한 일상이었고, 대륙의 끝에서 대양을 향한 항해는 멈출 수 없는 원초적 로망이었다. 동과 서, 남과 북을 망라한 항해로 마침내 남극과 북극에 대한 탐험도 성공했다.

인류의 욕망은 눈으로 볼 수 있는 대양의 해수면에만 그치지 않는다. 그물에 걸려 올라온 도자기 편(片)에 대한 어부들의 호기심은 탐사의 대상을 깊은 해저로 인도했다. 수중고고학이 해양인문자원 발굴의 주요 영역이 될 수 있었던 까닭이다.

우리나라에 남아 있는 '해녀(海女)'는 동서양을 막론하고 가장 위대한 해양유산일 것이다. 동서양에서 공히 잠수 기술을 발전시켜 왔지만, 잠수를 어렵(漁獵)에 접목시켜 어업(漁業)으로 발전시킨 경우는 우리나라가 거의 유일하다.

문명 이전의 원시사회로부터 인류는 춤, 노래, 시를 종합예술로 발전시켜 왔다. 해양민족들은 나름의 독특한 해양예술을 창조해 왔다. 동서고금을 막론하고 문학은 인간사회를 투영한 가장 총체적인 예술 기록으로, 해양이라는 주제가 한 번도 배제되거나 소외되지 않고 면면히 계승되어 왔다. 때로 해양문학은 해양에 대한 호기심을 유발해 과학 기술을 선도하기도 했고, 해양에 대한 감동을 일으켜 친해력(親海力)을 감염시키기도 했다. 문학 못지않게 미술, 음악은 물론 특히 현대 영화예술에서 다루어지는 해양은 우리의 상상을 초월한다.

이 모든 것이 인류의 소중한 해양인문자원이다. 해양에 관한 인류의 역사, 예술, 과학, 산업 등을 관통하는 도전과 모험의 결과는 다름 아닌 삶의 풍요와 편리를 전제로 한 인류사회의 행복한 발전이었다.

세계인구의 60%가 해안에서 100km 이내 지역에 살고 있다. 항구나 해양도시에는 산업과 일자리가 있고 이들이 이룩한 역사와 문화가 면면히 이어져 왔기 때문에 끊임없이 새로운 인구가 유입될 수 있었다. 특히 항구는 대륙의 끝이자 대양의 시작으로 대륙성과 해양성이 교차하는 관절점이다. 늘 새로운 문화와 산업이 충돌하면서 새로운 에너지를 발산하는 공간으로 항상적으로 인구가 유동했다. 인구의 유입은 도시의 팽창을 가져왔고, 그로 인해 기존 해양경관은 파괴되거나 변형되어 몸살을 앓기도 한다.

오늘날 대부분의 해양도시가 그렇듯, 개발이라는 이름의 해안선 매립과 콘크리트 직선화를 피하지 못하고 있다. 인문 자원과 환경을 고려한 제대로 된 해양개발이 필요한 이유다. 더 이상 성장이라는 명목으로 해양환경이 파괴되어서는 안 된다.

해양관광은 육지관광의 한계를 넘어 새로운 블루오션으로 떠오르고 있다. 해양관광의 궁극적 목적은 자본의 증식보다 상처입은 삶에 대한 보상과 힐링(Healing)에 있다. 그것은 육지경관과는 전혀 다른 해양경관과 해양인문자산을 바탕으로 하는 해양관광이 지속가능발전의 여지를 갖는 이유다.

해양은 기회이자 미래다. 아름다운 해양문명의 미래를 위해 우리는 지금 무엇을 할 것인가? 상처받거나 파괴된 해양생태계는 더 이상 복원이 불가능하거나 가능하다 하더라도 매우 오랜 치유과정을 필요로 한다. 자연 가치의 불가시성으로 인해 해양생태계 파괴가 가져올 사회경제적 영향은 수치로 계산될 수 없는 지경이다.

이제 인류에게는 하나밖에 없는 '푸른 행성(Blue Planet)'을 위한 인식의 대전환이 절실하다. 우선, 우리가 습관적으로 부르는 '지구(地球)'를 이제부터라도 '수구(水球)'라 부르는 캠페인을 시작해야 한다. 땅의 세계관에서 물의 세계관 즉, 대륙적 사고에서 해양적 사고로의 대전환을 서두르자는 이야기다.

여기서 우리의 새로운 도전과 낭만과 모험이 전개될 것이다. 이를 위해, 새로운 '해양인문학'을 대망한다. 과학 기술과 인문학이 서로 배제되거나 소외되지 않고 화해(和解)롭게 어우러진 새로운 해양연구가 친해성(親海性) 교육으로 연결되어야 한다. 그래야 진정한 해양인문학 건설에 기여할 수 있는 여지가 탄생할 것이다. 이것이야말로 해양의 세기에 걸맞은 진정한 해양문화력이지 않을까!

1. 해양 DNA와 인류

우리는 오랫동안 문명의 대부분이 땅에서 이루어진 것으로 학습받았다. 그러나 역설적으로 인류의 생명뿐 아니라 인류 문명의 탄생과 발전은 해양에서 이루어졌다. 즉, 모든 생명의 근원이 해양이었다 해도 과언이 아니다.

지구 표면적의 71%는 해양이다. 그런 점에서 지구를 하나의 물로 된 거대한 공, 즉 '수구'라 불러야 한다. 오늘날 각국의 인구 밀집 지역을 보면 예나 지금이나 대부분 강이나 바닷가에 인접해 있다. 세계 5대 문명 중 에게해 문명은 지중해 연안의 바닷가에서 발달했고, 메소포타미아 문명, 이집트 문명, 인도 문명, 중국 문명 등은 강 유역에 기반해 발달한 내륙문명과 해양문명의 복합 산물로 볼 수 있다. 인류 문명의 토대인 해양은 음식문화, 주거양식, 교통수단, 여행방식 등의 생활방식에도 큰 영향을 주었으며 지질학, 지리학, 기상학, 생명공학 등 과학 기술 발명과 발전에도 직간접적인 영향을 미쳤다.

한반도에서 해양의 흔적은 고유지명에서 확인할 수 있다. 2013년 해양수산부에서 발간한 『국가해양지명집』에 따르면 2002~2013년까지 국내에 알려진 해양 관련 지명이 해양, 해협, 만, 수로 등 육지부의 해양지명뿐 아니라 해저까지 포함해 무려 880개에 달한다. 한반도의 문명이 해양과 얼마나 밀접한 관계를 맺어 왔는지 알 수 있다.

배와 함께 시작된 해양의 역사

해양을 이야기할 때 빼놓을 수 없는 것이 '배'다. 배는 항공기술이 발달하기 전까지 대륙과 대륙을 잇는 유일한 수단으로서 인류 문명 구축에 엄청난 역할을 했다.

원시적인 배의 형태는 배를 뜻하는 한자 '舟(주)'를 통해 엿볼 수 있다. BC 1600년경 중국 은(殷)왕조에서 발굴된 갑골문자* '𠂆'는 통나무배의 형태를 그대로 묘사한 것으로 보인다. 전 세계적으로 배의 기원은 BC 8000~5100년경 원시사회 말기까지 거슬러 올라간다. 나무가 물 위에 떠다니는 것에서 영감을 받아 제작했을 것으로 추정되며 물고기, 조개 등 먹거리를 얻기 위해 만든 조그만 뗏목을 배의 시초로 본다. 그러다 차츰 원시국가가 출현할 무렵에는 배를 타고 근해로 고기잡이와 사냥까지 나서게 된다.

세계적으로 유명한 30여 곳의 대표적인 암각화 중에서도 한반도의 울주군 반구대 암각화보다 신비한 것은 찾기 어렵다. 울산광역시 울주군 대곡천변의 깎아지른 절벽 면에는 총 296개의 도상(圖像)이 새겨져 있다. 이는 BC 7000년에서 BC 3500년까지의 신석기 시대부터 청동기 시대에 걸쳐 그려진 것으로 개, 호

---

* 하(夏)나라 유적 은허(殷墟)에서 발굴된 동물의 어깨뼈나 거북 배껍질 등에 새겨진 중국 고대 상형문자.

랑이, 표범, 사슴, 멧돼지, 여우, 늑대 등 육지생물과 물개, 상어, 거북, 물고기, 고래 등 해양생물이 빽빽하게 새겨져 있다. 뿐만 아니라 짐승을 사냥하는 사냥꾼, 물고기를 잡는 어부, 탈을 쓰고 있는 주술사 등 당시 그림을 그린 주인공이거나 혹은 그 마을의 주민일 가능성이 높은 사람의 얼굴 도상도 다수다. 그물이나 울타리에 갇혀 있는 동물은 물론 배, 작살, 방패 등 사냥과 어로에 필요한 각종 생활 도구 또한 실감 나게 표현되어 있어 당시 해양과 인간의 관계 및 생활상 등을 엿볼 수 있게 해준다.

도상 중 단연 눈에 띄는 것은 '고래'다. 북방긴수염고래, 향유고래, 혹등고래, 귀신고래, 범고래 등 총 58마리의 고래가 새겨져 있는데, 등에서 두 갈래의 물을 뿜는 긴수염고래나 머리 모양이 뭉툭한 향유고래처럼 각각의 종류를 구분할 수 있을 정도로 섬세하게 표현되어 있는 것이 특징이다. 무리를 지어 헤엄쳐 가거나 배를 뒤집고 죽은 고래의 모습에선 생동감마저 느껴진다.

여기서 더욱 눈길을 끄는 것은 고래 사냥에 동원되었을 여러 척의 배다. 길고 좁은 형태는 고대 인류가 사용한 전형적인 선박 형태에 해당하는데, 통나무의 속을 파내어 만든 '독목주(獨木舟)'

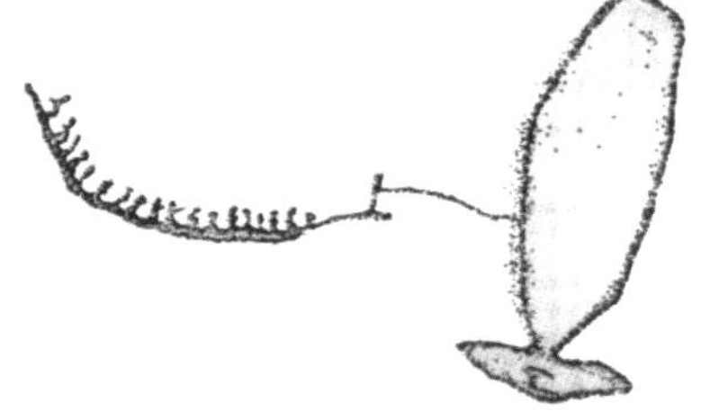

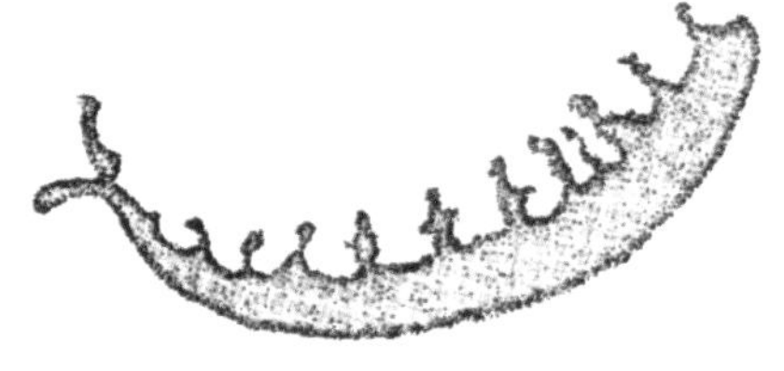

1
2

1. 반구대 암각화 중심 암면
ⓒ 반구대암각화유적보존연구소
2. 반구대 암각화 배 도상
ⓒ 국립해양유물전시관

냐 우미악(Umiak) 스타일(카약의 일종)의 '가죽배'*냐를 두고는 여전히 의견이 나뉜다. 배에 탄 10여 명의 사람이 작살로 고래를 잡은 것으로 추정되는데, 현대의 포경선(捕鯨船)에 비하면 배의 속도나 규모 그리고 작살의 힘 모두 초라하기 그지없었을 것이다. 이러한 한계를 극복한 당시 사람들의 강인함과 기술력은 오늘날 우리에게 자극과 용기를 준다. 무엇보다 고래와 선박 도상은 한반도에서 해양을 생존의 터전으로 삼았던 역사가 결코 짧지 않음을 되새기게 한다.

고대 한반도에서 건조한 배의 흔적을 엿볼 수 있는 것은 이뿐만이 아니다. 2004~2005년 경남 창녕군 부곡면 비봉리 신석기 유물 발굴과정에서 발견된 신석기 시대 통나무배의 파편에서는 BC 6000~5000년경 고대 선박의 추형(雛形)을 확인할 수 있다. 발굴된 파편을 통해 추정한 실제 배의 크기는 최대 길이 4m, 최대폭 60cm, 두께 2~5cm, 깊이 약 20cm로 오늘날 2인승 카약과 흡사하다.

이전까지 알려진 최고(最古)의 배는 일본에서 출토된 도리하마(鳥浜) 1호나 이키리키(伊木力) 목선(木船)으로 역시 통나무의 속

---

* 우미악은 북극해 바다동물의 가죽으로 만든 일종의 가죽배다. 골격은 나무지만 바다동물기름으로 코팅된 가족을 씌운다. 가볍고 이동이 편리해 작살잡이나 고래잡이가 끝나면 육지로 가지고 올라올 수 있다. 해양수렵민이 우미악에 타면 수압으로 배가 곡선형으로 휘어지는 특성이 있다. (출처 울산제일일보 http://www.ujeil.com/news/articleView.html?idxno=233605)

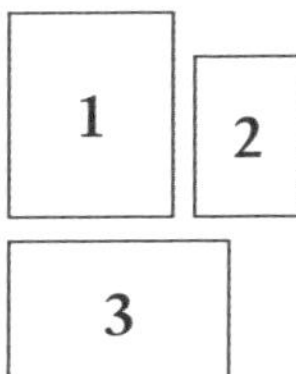

1. 콰후자오유지박물관의 통나무배 ⓒ 연합뉴스
2. 이키리키(伊木力) 목선(木船) ⓒ 伊木力遺迹 (http://mediab.web.fc2.com/yoran/ikiriki_iseki.htm)
3. 복원한 비봉리선 모습 ⓒ 국립김해박물관

을 파내 만든 독목주다. 그런데 비봉리선이 출토되자 최고의 위치가 바뀌었다. 당시 발굴·조사를 맡은 국립김해박물관은 비봉리선이 도리하마 1호나 이키리키 보다 무려 2천 년 이상을 앞선, 세계에서 가장 오래된 목선이라 발표해 큰 놀라움을 주었다.

중국에서도 신석기시대 목선이 발굴되었다. 저장성문물고고연구소(浙江省文物考古研究所)와 항저우(杭州)의 샤오산구박물관(蕭山區博物館)이 샤오산(蕭山) 콰후챠오(跨湖橋) 신석기 시대 유적을 발굴·조사하던 중, 샹후(湘湖) 호수 바닥을 준설하는 과정에서 잔존길이가 5.6m 정도인 신석기 시대 독목주를 발견했다. 탄소연대측정 결과 비봉리 목선과 비슷한 BC 6000~5000년경의 것으로 추정됐다. 이러한 유물로 볼 때 동아시아 삼국 중 한국과 중국의 경우 무려 8천 년 전인 BC 6000~5000년경부터 배를 만들고 활용해온 것으로 확인할 수 있다.

고대 이집트 나카다 문화(Naqada culture) 유적지에서 BC 6500~5000년경에 벌어졌을 것으로 추정되는 해상전투에 사용된 배가 그려진 도기가 발견되었다. 세계 최초의 파피루스선은 BC 4000년경에 제작되었는데 말이다. 스코틀랜드 베이스 지방에서 발견된 배는 BC 7000년경에 제작된 것으로 알려져 있다. 확인 가능한 범위 내에서 견주어볼 때 배의 기원은 동서양 모두 시기가 거의 유사하다.

BC 2000년경 나무로 만든 배에 돛을 단 목범선(木帆船)이 등장하면서부터 본격적인 배의 문화가 형성되었다. 이집트 무덤

안에서 BC 2000년경의 것으로 추정되는 돛이 그려진 주전자가 발견되었으며 지중해의 크로아티아 지역에서는 노와 돛을 함께 사용한 BC 2000년경의 배 흔적도 발견되었다.

목범선은 화물 적재용인 중형선(重型船)과 해적용인 경형선(輕型船)으로 구분된다. 초창기에는 중형선이 주를 이루었으나, 이후 해상패권 쟁탈전이 시작되면서 그리스를 중심으로 경형선의 건조와 이용이 활성화되었다. 대중에게 잘 알려진 목범선은 바이킹선이다. 바이킹은 7~11세기 사이에 유럽 북부 지방에서 거주하며 해로를 통해 유럽으로 진출한 노르만(Norman)족의 다른 명칭이다. 바이킹선의 선체는 가늘고 긴 형태를 띠는데, 특히 배의 흘수*가 낮아 다른 나라 선박이 항해하기 어려운 얕은 해변이나 항구에서도 항해와 정박이 가능했다. 게다가 한 번에 40~100여 명이 승선한 상태로 시간당 약 20km까지 이동할 수 있었다.

해안을 다니며 닥치는 대로 약탈을 일삼던 바이킹의 활동을 긍정적으로 평가하긴 어렵지만, 궁여지책으로나마 바다로 눈을 돌리면서 막대한 부와 해적왕의 지위를 얻게 된 것은 곱씹어볼 만하다. 선박 변형과 항해 기술 향상을 통해 바다에 대한 두려움을 상쇄시킨 점은 간과할 수 없다. 이후로도 육지가 아닌 해양에 눈을 돌리고 선박 및 항해 기술을 향상시켜 나간 국가들이 세계

* 배가 물 위에 떠 있을 때 물에 잠긴 부분의 깊이.

사의 중심에 설 수 있었다.

배의 역사에 있어서 목선과 목범선이 수천 년을 이어온 데 비해, 근대식 기계 선박은 19세기에 이르러서야 등장한다. 산업혁명 시기인 1800년대, 증기와 기계장치로 동력을 만들어낼 수 있게 되면서 증기선이 출현했다. 세계 최초의 실용 증기선은 1807년 미국의 발명가 로버트 풀튼(Robert Fulton)이 건조한 '클러몬드(Clemont)호'다. 이후 1820년대 미국, 영국, 독일 등 각국에서 각종 형태의 증기선을 제작한다. 초기 증기선은 선체를 나무로 제작하다 보니 나무 선체에 쉽게 금이 가거나 장시간에 걸친 기계의 진동을 견디지 못하는 등 한계가 뚜렷했다. 이후 1822년 영국에서 제작한 최초의 철제 증기선인 '아론 맨비(Aaron Manby)호'가 등장하면서 본격적인 철제증기선의 시대가 시작되었다.

한반도에 증기선(철제선)이 처음 출현했던 시기는 미국과 프랑스 증기선이 우리나라 해역에 출현했던 1866년이고, 증기선이라는 명칭을 본격적으로 사용하게 된 시기는 1876년 개항이후로 본다. 일제강점기 일본인에 의해 근대적 조선업이 처음 자리 잡고 흥성하기는 했지만, 우리나라의 본격적인 조선 산업 흥성기는 현대건설 정주영 회장이 그리스 리바노스(Livanos)사(社)와 26만t짜리 초대형 원유운반선 건조계약을 맺음과 동시에 울산 방어진의 황량한 모래밭에 '현대조선소'를 건설하기 위해 첫 삽을 뜬 1972년부터일 것이다. 오늘날 우리나라의 선박 건조기술은 이미 세계적으로도 정평이 나 있다. 아울러 해운물류업 역시 세계 수위를 달린다. 해운업체 HMM의 경우 2020년 4월, 초대형 선박 20척을 거의 동시에 출항시킨 이래로 불과 4년 만에 누적 운송량 300만TEU*를 달성했다. 이쯤 되면 우리 민족의 밑바탕에 어떤 해양 DNA가 작동하고 있는 건 아닐까하는 의구심이 생길만하다. 조선(造船)과 해운 모두에서 단기간에 결코 이루기 힘든 기적적인 성과를 거둔 걸 보니 말이다.

바다는 문명교류의 고속도로

배는 항해를 가능하게 하는 도구이자, 오래도록 대륙과 대륙을 이어주는 다리 역할을 했다. 선박을 앞세워 각국이 바다에서 무한경쟁을 펼쳤던 가장 중요한 이유는 활발한 무역을 통해 더 많은 경제적 부를 창출하기 위해서였다. 그런데 이러한 시도로 말미암아 문화 교류도 활발하게 이루어질 수 있었다. 이 모든 것을 가능케 한 것이 선박이다. 배가 없었다면 특정 지역의 물자와 기술이 다른 문화 속에 자연스럽게 융합될 수 없었을 것이다.

배가 문명교류의 보부상 역할을 했다면 바다는 문명교류의

---

* TEU(Twenty-foot Equivalent Unit)는 20피트(6.096m) 길이의 컨테이너를 일컫는 단위.

고속도로 그 자체일 것이다. 해상은 육상에 비해 마찰계수*가 낮아 사용에너지 대비 이동 효율성이 매우 높다. 즉, 걷는 것보다는 구르는 것이 빠르고, 구르는 것보다는 미끄러지는 것이 빠른 원리다. 배를 타고 수면 위를 미끄러질 수 있는 해양은 육지에 비해 상대적으로 이동이 자유로워 짧은 시간 내에 도달할 수 있는 공간이 많다. 또한 운송이 안전하고 비용이 저렴하다는 장점이 있다.

본격적으로 동서양의 교류가 열리게 된 계기는 로마가 지중해를 차지하면서부터다. '로마-인도' 항로가 열리면서 동양의 향료, 상아, 비단, 보석, 자기(瓷器) 등이 서양으로 전해졌다. 특히 향료와 비단에 대한 호응이 컸는데, 이러한 교역품은 유럽인의 식생활과 일상생활에도 큰 변화를 가져왔다. 사상과 제도의 교류도 증가했다. 특히 인도를 대표하는 불교와 중국이 자랑하는 유가 사상은 서양 사상사에 지대한 영향을 끼쳤다. 동양에는 주로 서양의 과학 기술과 기독교 등이 전파되었다. 바다를 단순히 물자교역로가 아닌 문명교류의 통로로 볼 수 있는 이유다.

---

* 마찰계수(摩擦係數, coefficient of friction)는 수직항력과 마찰력의 비례관계를 나타내는 수치이다. 맞닿은 두 표면 사이의 마찰 정도를 뜻하는데, 물체의 재질과 물체의 움직임을 설명하기 위해 측정되는 값이다. 바닥을 끄는 것보다 바퀴를 굴리는 것이 마찰계수가 낮고, 물 위를 미끄러질 때 마찰계수는 현저히 낮아진다.

해양을 통한 문명의 교류에서 빼놓을 수 없는 것이 '해상 실크로드'다. 해상 실크로드는 중국의 비단이 중국 남부를 출발해 동남아시아, 인도 등을 거쳐 아라비아 등 세계 각국으로 퍼져나갔던 해상 통로를 의미한다. 중국을 비롯해 120여 개로 추정되는 거점항구의 국가와 민족들은 해상 실크로드를 통해 특별한 관계를 맺고, 물자만 오간 것이 아닌 정치, 경제, 문화, 기술 등의 영향력을 주고받으며 함께 성장했다. 그렇기 때문에 해상 실크로드는 일국의 외교사가 아닌 세계 문명교류사의 부분으로 언급되기도 한다. 바다로 나아가는 길이 곧 세계로 나아가는 길이라는 점은 인류 문명사 곳곳에 뚜렷이 남아있으며, 그 교훈은 먼 미래까지도 유효할 것이다.

인류의 미래, 해양

인류 문명은 다양한 문제를 맞닥뜨리면서 그것을 해결하는 과정을 통해 변화 발전해왔다 해도 과언이 아니다. 그런데 가끔은 난제라 부를 만큼 해결하기 어려운 문제에 봉착하기도 한다. 이를테면 기후 위기와 같은 문제는 세계 각국의 전문가가 나서서 해결책을 찾으려 노력하지만 결코 쉽지 않다.

해양을 연구해온 사람으로서 지구의 문명을 바라볼 때, 21세기 인류에게 닥친 다수의 문제는 해양에서 연원한 경우가 많다.

하지만 우리의 한계는 육지의 관점에서 사고하는 데 익숙하다는 점이다. 점차 육지가 바다에 잠겨 삶의 공간이 사라지는 것만을 걱정하지, 해양의 변화 메커니즘에 대해서는 생각이 미치지 않는다. 이미 거의 모든 자원과 에너지가 고갈된 상태인 육지를 더욱 쥐어짜는 데만 골몰하지, 지구의 71%를 차지하는 해양을 중요하게 여기며 호혜적으로 이용할 꿈을 꾸지 않는다.

넓게는 인류 문명의 위기를 극복하고, 인간 개개인의 삶의 질을 높여줄 방안. 그 미래 문을 여는 열쇠는 바로 해양에 있다. 그 열쇠를 손에 쥐기 위해서는 지켜야 할 전제가 몇 가지 있다.

첫 번째는 해양의 가치와 중요성을 인식하는 것이다. 전문가뿐만 아니라 남녀노소 할 것이 없이 해양에 대한 재인식이 필요하다. 이를 위해서는 사고의 전환을 도모하는 '해양문명과 해양성'에 대한 인식의 재정립과 바다와의 친화력[親海性]을 높이기 위한 공간 및 시설 마련 등이 충분히 이뤄져야 한다. 친해성을 기르기 위해서는 해안을 친수 공간으로 열고 해양박물관, 해양수산과학관, 해양전시관 등을 충분히 조성해 누구나 일상에서 바다와 만날 수 있도록 해야 할 것이다. 이러한 노력이 우리 안에 잠자고 있던 해양 DNA를 일깨워 줄 것이다. 나아가 해양에 대한 인문학적 성찰과 재인식은 바다에 대한 우리의 인식지평을 넓혀주고, 전 지구적 문제 해결에 한 걸음 더 다가가도록 도와줄 것이다. 해양인문학에 대해서는 4장에서 더 자세하게 기술하도록 하겠다.

두 번째로 과학 기술은 경제, 산업, 지속가능성 등 문제 해결의 직접적인 방법이 되기도 한다. 하지만 그 기술 개발의 범위가 여전히 육지에 국한되어 있다. 다채로운 해양 자원을 모색해 호혜적으로 활용하고, 해양과 결부되어 일어나는 지구 위기 극복 방안을 모색하기 위해 해양하이테크 신기술 개발에 눈을 돌려야 한다. 무경계성과 유동성을 지니는 해양의 특성상, 기술의 발전은 공공성 담보를 전제로 하며, 기술을 획득한 국가에게 경제적으로도 큰 이익을 가져다줄 것이다. 육지의 산업은 이미 포화상태다. 우리는 선진적인 해양 기술을 바탕으로, 산업 및 경제 체제를 재편해 다가올 해양시대를 준비해야 할 것이다.

셋째, 우리는 삶의 질에 대해 이야기할 때 주거 공간이나 수익성 등과 같은 육지적 지표를 내세운다. 하지만 해양이야말로 주거나 때로는 치유의 장소로 오랜 시간 인류와 함께해온 최적의 공간임을 인식해야 한다. 해양으로 삶의 범위를 확장한다면 우리의 일상은 더욱 풍요로워질 것이다.

해양은 인류의 오래된 미래다. 우리는 다시 해양으로 돌아가야 한다. 해양으로의 온전한 회귀를 위해서는 '바다를 아는 노력'이 필요하다. 해양에 대한 호기심과 실천(탐험, 항해 등), 연구 및 탐사(극지, 해양고고학, 해양민속 등), 해양유산의 가치 인식과 창조적 활용(해녀, 해양예술 등)이 인류에게 끼친 영향을 알게 된다면 해양으로의 회귀 필요성을 깊이 수긍할 수 있을 것이다.

2. 해양문명의 발견과 가치

탐험

해양 탐험으로 확장된 인류문명

깊고 드넓고 신비로운 해양은 인류의 로망이었다. 모험으로 가득한 미지의 공간은 인류의 관심을 자극해 수많은 항해가와 모험가를 탄생시켰다. 유럽, 아시아, 아프리카 등의 연해 거주민들은 일찍부터 바다를 탐사하기 시작했다. 그들에게 해양과 해양 주변 세계로의 탐험은 삶의 중요한 도전이었다.

지금은 탐험 기술도 첨단을 달리지만 과거에는 탐험에 나서는 그 자체부터 녹록지 않았을 것이다. 눈에 보이는 장애물만큼이나 보이지 않는 난관이 수없이 존재했다. 그럼에도 불구하고 사람들은 해양을 향해 발걸음을 내디뎠고, 해양의 무한한 가치를 발견했다. 이러한 이들은 고대부터 존재해왔다.

기원전 5세기, 카르타고의 군인이자 탐험가인 히밀콘(Himilcon)은 지중해 전역은 물론 북유럽 대서양 연안을 항해한 인물이다. 현재 아프리카 튀니지 연안의 도시국가 고대 카르타고 출신인 그는 BC 520년경에 주석(朱錫)이 생산되는 섬을 찾기 위해 대서양으로 떠났다. 4개월간 대서양을 항해한 끝에 그는 결국 주석이 매장된 섬을 발견하게 된다. 해양으로의 탐험이 인류의 오랜 선망이 될 수밖에 없었던 이유 중 하나를 몸소 증명한 셈이다.

탐험 이후, 히밀콘에 대한 일화는 더욱 흥미를 끈다. 미지의 세계가 어땠는지 묻는 시민들에게 그는 "대서양의 바다 위에는 짙은 안개만 덮여 있고, 무서운 폭풍우가 미친 듯 끊이지 않는다."라고 증언한다. 중요한 사실은 쏙 뺀 채 이런 왜곡되고 편파적인 보고를 한 이유는 주석의 가치 때문이었을 것이다. 주석은 구리, 철과 함께 고대로부터 사용된 필수 광물이다. 우리가 잘 알고 있는 청동은 구리 90%에 주석 10%를 합금해 만든 것이다. 주석은 가공이 쉽고 내구성이 강해 철제 기술이 발전하기 전까지 무기는 물론 각종 장신구 등의 재료로 사용됐다. 인류가 대양에 대해 막연한 공포심을 갖게 된 데는, 대양으로의 탐험으로 엄청난 부를 차지할 수 있다는 것을 먼저 알아버린 일부 탐험가의 탐욕이 일조한 측면이 있다. 그만큼 바다는 미지의 공간이자 기회의 공간이었다.

고대 그리스를 대표하는 지리학자이자 해양 탐험가 피테아스(Pytheas)는 BC 325년경 인류 역사상 최초로 과학적으로 바다를 탐사한 인물이다. 피테아스는 25명의 선원과 함께 대서양 먼 곳에 주석이 있다는 전설을 바탕으로 상업 항로를 개척하고자 한다. 당시 카르타고인이 발트 해협을 봉쇄하고 있었기 때문에, 현재 프랑스 남부 지역에 위치한 마르세유에서 출항해 에게해와 흑해를 탐사하고, 발트해와 북해를 거친 뒤 귀향한다. 피테아스는 '지구가 둥글다는 사실'을 탐험을 통해 증명한 것으로 유명하다. 그는 탐험 중 북위 63°지역의 페로스 제도까지 도달한 바 있다. 현재 영국 북부 대서양과 노르웨이 해(Sea) 중간에 있는 21개의 화산 군도(群島)이다. 피테아스는 그곳에 사람이 살고 있으며, 낮이 한 달 동안 지속되는 백야현상을 확인하기도 했다.

고대 페르시아 아케메네스(Achaemenes) 왕조 출신의 장군인 스킬락스(Scylax) 또한 역사에 기록된 해양 탐험가다. 아케메네스의 왕 다리우스(Darius) 1세로부터 인더스강 하구에서 홍해에 이르는 바닷길을 탐험하라는 명을 받은 그는 BC 515년 인더스강에서 출발해 30개월 만에 아라비아반도를 돌아 지금의 수에즈 부근에 도착한다. 이러한 기록은 헤로도토스(Herodotos)의 『역사(History)』에 기술되어 있다. 스킬락스의 항해는 BC 1세기경 로마와 인도를 잇는 직접 항로가 탄생하는 데 중요한 역할을 한다.

그리스의 탐험가 히파로스(Hippalos)는 바다의 특성을 제대로 배운, 지금으로 따지면 전문 항해사에 해당한다. 그는 탐험을 통해 인도양에 부는 계절풍의 특징을 확인했으며, 처음으로 대양을 가로지르는 해로(海路)를 발견했다. 이러한 연유로 그 지역의 사람들은 바다에서 부는 남서 계절풍을 '히파로스'라 불렀다.

위 네 명의 고대 해양 탐험가는 국가, 시기, 경로만 다를 뿐, 탐험을 통해 각각 주요한 원양 항로를 확보했다는 공통점을 지닌다. 이들이 개척한 항로는 이후 아시아, 유럽, 아프리카 간의 무역 및 문화 교류에 있어 교두보 역할을 했으며, 미지의 세계인 바다는 물론 지구를 이해하는 과학적 근거를 제공하기도 했다.

대항해시대 탐험가와 지리상의 대발견

본격적인 대항해 시대라 일컬을 수 있는 15세기에는 무수한 해양 탐험가가 탄생했다. 다소 생소한 고대 해양탐험가에 비해 누구라도 한 번쯤 이름을 들어 본 적 있는 대표적인 탐험가가 나타난 시기이다. 이들의 업적을 두고 단순히 하나의 대륙 또는 항로를 발견한 정도가 아닌, '인식의 전환이자 지리상의 대발견'이라 평가하기도 한다. 당시 해양탐험가들의 행보는 국가 간의 교류를 촉진했고 인류사의 무대를 바다로 확장시켰다.

대항해를 가능케 했던 요인은 여러 가지다. 조선 기술의 발달, 갖가지 항해 도구의 발명과 항해술의 발전, 갈수록 정교해지는 해도(海圖) 등이 대표적이다. 목숨을 건 탐험의 축적이 낳은 성과다. 항해를 통해 거두어들인 막대한 부(富)도 탐험의 가속화에 일조했다. 네덜란드, 포르투갈, 스페인, 영국, 프랑스 등 당시 강대국으로 불리던 대부분의 국가들이 해양을 통해 부를 창출했다고 해도 과언이 아니다. 미지로의 항해는 마치 '로또'와 같아서, 운만 좋으면 귀한 자원을 얼마든지 독차지할 수 있었다. 탐험을 담보로 한 투자와 분배는 현대적 의미의 보험과 금융의 시초가 되었으며, 항해를 가능케 하기 위한 법제도 정비와 경제시스템의 발달은 탐험에 더욱 불을 당겼다.

대항해시대에 손꼽히는 해양 탐험가의 이름 중 절대 빠지지 않는 이는 콜럼버스(Christopher Columbus)다. 이탈리아 제네

바 출신인 콜럼버스는 일찍이 원양 항해 활동에 참여한 바 있는데, 이런 경험 덕분인지 그는 어려서부터 지구가 둥글다는 것을 확신했다고 한다. 그렇기에 유럽의 해안을 출발해 서쪽으로 항해하면 인도를 거쳐 중국에 도달할 수 있다고 믿었다. 꿈이 현실로 이루어지듯 콜럼버스는 1492년 에스파냐(Espana, 지금의 스페인) 왕실의 이사벨 여왕으로부터 신대륙 발견에 필요한 기반과 자금을 후원받아 탐험에 나서게 된다. 그는 10년 동안 네 차례 항해를 떠났고, 마침내 신대륙인 아메리카를 발견한다. 그런데 잘 알려진 바대로 콜럼버스가 원래 찾으려 했던 곳은 아메리카 대륙이 아니라 '인도'였다. 당대 이탈리아 상인들은 동방의 여러 나라와의 무역을 원했는데, 역시 유명한 탐험가인 마르코 폴로(Marco Polo)가 중국 원(元)나라를 여행하고 돌아와서 쓴 『동방견문록』이 일부 영향을 미쳤을 것이다. 동양의 새로운 무역 항로로 '인도'에 닿고자 한 노력의 결과는 다소 빗나갔지만, 그의 발견은 세계 지도에 무한한 가능성을 담은 커다란 대륙 하나를 새로 그려 넣을 수 있을 정도의 획기적인 업적이었다.

콜럼버스와 견주어 늘 등장하는 해양 탐험가 바스쿠 다가마(Vasco da Gama)는 대항해시대의 대표 국가 중 하나인 포르투갈에서 태어났다. 그는 콜럼버스가 항해를 떠난 5년 후인 1497년 7월에 남아프리카공화국의 희망봉을 발견한 바르톨로뮤 디아스(Bartolomeu Diaz)와 함께 포르투갈의 수도 리스본을 출항해 인도로 향한다. 1498년 5월 20일 마침내 인도 서남해안의 항구 캘

리컷(Calicut)에 도착한다. 아프리카 대륙을 돌아 인도로 가는 신 항로를 개척한 것이다. 그의 첫 항해는, 교역을 통해 혁혁한 성과를 거두지 못했기 때문에 절반의 성공이라 할 수 있다. 그 이유로 당시 캘리컷이 이슬람과 무역을 하고 있었기 때문에 바스쿠 다가마의 교역 물품이 그다지 매력을 끌지 못했을 거란 이야기가 있다. 그러나 나머지 절반의 성공이 몇 배나 더 값진 것은 망망대해에서 자신들만의 길을 발견했기 때문이다. 이후 포르투갈은 인도양 항로를 따라 인도는 물론 중국과 일본까지 진출한다. 바스쿠 다가마의 탐험이 있었기에 포르투갈은 동방의 패권을 차지할 기초를 마련했으며, 유럽 대항해시대의 선두 주자가 될 수 있었다.

바스쿠 뉴네스 데 발보아(Vasco Núñez de Balboa)는 신대륙 발견 이후 남아메리카에 정착한 인물이자 유럽인 최초로 태평양을 발견한 탐험가다. 콜럼버스가 신대륙을 발견한 뒤, 에스파냐는 남아메리카 일부를 식민지로 삼았고 발보아는 파나마의 다리엔(Darien) 지역의 총독이 되었다. 그가 파나마에 끼친 영향은 매우 큰데, 현재 파나마 시내 중심에 발보아 이름을 딴 거리가 있고 파나마의 화폐 단위 역시 '발보아'일 정도다. 탐험가로서의 면모를 드러낸 업적도 있다. 원주민에게서 금이 많이 난다는 어느 지역에 관한 이야기를 듣고 발보아가 항해에 나선 여정에서 태평양을 발견(1513년)하게 된다. 태평양이란 명칭은 이후 포르투갈의 항해가 페르디난드 마젤란(Ferdinand Magellan)이 명명했다. 두려움 없는 그의 탐험은 이전까지의 세계 지도를 개조하는 대발견을 낳았다.

네덜란드의 항해가 아벨 태즈만(Abel Janszoon Tasman)은 오스트레일리아의 실체를 밝힌 인물이다. 당시 에스파냐의 지배하에 있다가 독립한 네덜란드는 다른 나라에 비해 뒤늦게 대항해 국가 반열에 합류했다. 네덜란드 동인도 회사의 직원이었던 태즈만은 1639년 동인도 회사 총독 반 디멘(Antonio Van Diemen)의 명을 받아 향신료와 황금이 있는 곳을 찾아 남쪽 바다로 향했다. 곧장 성과를 거두지는 못했으나, 3년 후 다시 항해를 떠난 그는 뉴질랜드 남섬 북서쪽에서 섬 하나를 발견한다. 그가 총독의 이름을 따 그곳을 반 디멘스 랜드(Van Diemen's Land)라 명명했는데, 이후 섬을 발견한 태즈만의 이름으로 변경해 현재는 태즈메이니아(Tasmania) 섬으로 불린다. 태즈만은 항해를 계속해 뉴질랜드, 통가, 피지, 뉴기니섬까지 발견하고 돌아온다. 그 지역 일대를 탐험한 태즈만은 오스트레일리아가 하나의 거대한 대륙으로 이루어진 섬이라는 결론을 내리기도 한다.

역사상 캡틴 쿡(Captain Cook)으로 더 알려진 영국의 항해가 제임스 쿡(James Cook)은 남극해를 항해한 최초의 탐험가다. 그는 1768~1771년과 1772~1775년에 걸친 두 번의 항해를 통해 오스트레일리아를 발견했다. 쿡은 유럽 사람들에게 "오스트레일리아가 식물이 무성하며 비옥한 대지"임을 알렸다. 쿡의 탐험으로 태평양에 있는 많은 섬의 위치와 명칭이 결정되었으며, 현재 태평양 지도의 기초가 되었다.

이러한 대표적인 탐험가를 제외하고도 수많은 탐험가가 전 세계의 바다를 탐험해 새로운 항로와 땅을 발견했다. 두려움에 맞선 이들의 탐험과 개척 정신이 인류의 역사를 바꿨다는 점은 틀림없는 사실이다. 다만 탐험의 목적을 영토 확장 야욕으로 전락시킨 서구의 비뚤어진 욕망과 대항해를 통해 제국화를 실현하고자 했던 야망으로 인해 아시아·아프리카 등 다른 대륙이 식민화라는 거대한 불길에 휩싸여 고통받게 되었다는 점을 기억해야 할 것이다.

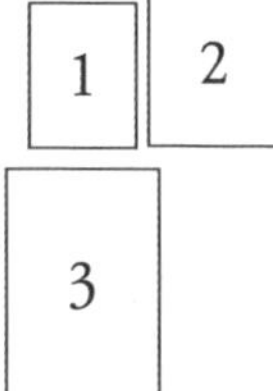

1. 콜럼버스 2. 바스쿠 다가마

3. 대항해 시대를 기념하는 발견기념비 (포르투갈 리스본 산타마리아데벨렝의 타구스강 연안, 1960년 준공)

항해

역사를 바꾼 정화의 대원정

서양에 콜럼버스나 바스쿠 다가마가 있다면 중국의 뛰어난 탐험가로는 정화(鄭和)가 있다. 20세기까지 서양이 패권을 쥐고 있던 탓에 그의 명성은 상당 부분 가려진 점이 있지만, 최근에는 동서양 해양사를 통틀어 한 획을 그었다고 평가받는 인물이다.

중국 명(明)나라의 장군이었던 정화는 윈난성(雲南省)의 한 지방 관리였던 마합지(馬哈只)의 아들로 태어났으며, 본명은 마삼보(馬三保)다. 정화의 본명은 그와 이슬람과의 관계를 엿볼 수 있게 해주는데, 성(姓)인 '마(馬)'는 이슬람교의 창시자 무함마드의 후손임을 뜻한다. 아버지의 이름인 '합지'는 무함마드의 출생지인 메카(مكة المكرمة) 순례를 다녀온 이슬람교도에게 붙이는 존칭인 '하지(الحجي)'에서 유래되었다고 한다.

정화의 이름을 수식하는 단어는 환관, 무관, 전략가, 탐험가, 대항해가 등 여러 가지다. 수식어에서도 그가 얼마나 다재다능한 인물인가를 엿볼 수 있지만 가장 칭송받는 부분은 대항해가로서의 면모이다. 2005년 중국에서 정화의 대항해 600주년을 기념하기 위해 거대한 국가 이벤트가 열렸으며, 2006년에는 다큐멘터리 「대국굴기(大國崛起)」가 방송되어 중국을 넘어 전 세계적인 이슈가 되기도 했다.

정화의 대원정

정화의 원정에 동행했던 마환(馬歡)이 쓴 『영애승람(瀛涯勝覽)』과 비신(費信)이 쓴 『성사승람(星槎勝覽)』의 기록에는 정화의 원정에 관한 다양한 이야기가 담겨 있다. 명나라 제3대 황제 영락제(永樂帝)는 다섯 차례나 직접 몽골원정을 떠났을 정도로 영토 확장과 외국과의 교류에 욕심이 많았다. 정화는 영락제의 명령에 따라 함대를 이끌고 1405년 7월 11일을 시작으로 1433년까지 총 일곱 차례의 대원정을 수행했다. 중국을 출발해 동남아를 거쳐 인도양을 횡단한 후 페르시아만, 아라비아해, 홍해, 아프리카 동부 해안까지 항해했다. 중국으로서는 정화의 발이 닿는 곳곳이 신항로였으며, 그의 원정 결과 아시아와 아프리카를 잇는 거대한 해상 루트가 완성됐다.

정화의 동상
© 윤태옥

정화의 원정에는 크고 작은 선박 200여 척이 동행했다. 당시 최대의 범선이었던 보선(寶船)도 수십 척씩 함께 했다. 보선의 길이는 약 137m, 폭은 약 56m였으며, 9개의 돛대와 열두 폭의 돛을 달고 있었다. 1492년 콜럼버스의 항해 때 동행했던 3척의 배 중에서 가장 컸던 산타마리아(Santa Maria)호의 적재량과 총 승선자 수가 정화가 탔던 보선의 1/10에 불과했다고 하니, 정화의 보선이 얼마나 거대했는지 알 수 있다. 바스쿠 다가마의 함대 선단 역시 120t급 3척에 승무원은 총 300명 정도에 불과했었다고 한다. 3층 갑판으로 이루어진 정화의 함선은 층마다 24명의 관병이 항해하는 전방을 주시하며 낮과 밤의 바람과 별을 관찰했다고 한다.

정화는 명나라로 귀국할 때마다 각국의 사절들을 데리고 왔다. 1423년 귀국 길에는 각국에서 파견한 사절과 수행인 수가 무려 1,200여 명이었다고 하니 그저 놀라울 따름이다. 사절들은 각국의 특산품을 예물로 가지고 왔고, 중국 왕실은 답례로 비단과 도자기를 하사했다. 정화가 이동한 경로가 바로 거대한 바닷길이자 중국의 해양 실크로드(Silk road)였다.

정화의 영향력은 현재까지 이어진다. 2013년 8월 중국의 시진핑(習近平) 주석은 카자흐스탄의 수도 아스타나(Astana, 지금의 누르술탄)에 있는 나자르바예프 국립대학(Nazarba yev University)에서 '실크로드 경제벨트'의 건설을 제안했다. '하나의 띠, 하나의 길'로 육·해상 신(新)실크로드 경제권을 형성하

1
2

1. 정화 함대 모형 ⓒ 윤태옥

2. 보선과 콜럼버스 산타마리아호 비교 ⓒ 박수현

일대일로 경로 ⓒ 중앙일보

려는 중국의 핵심 국가전략, '일대일로(一帶一路, One Belt One Road)'의 시작이었다. 이것은 아시아, 아프리카, 유럽을 육·해·공으로 잇는 인프라, 무역, 문화, 금융의 총체이다. 중국이 육지적 사고에서 해양적 사고로의 대전환을 위한 서막을 연 것이기도 하다. 이는 정화가 이룩했던 대항해 노선을 현대에 맞게 이끌어낸 창조적 변용의 결과였다.

정화 대항해의 교훈

정화의 대항해는 명말(明末)의 작가 나무등(羅懋登)의 소설 『삼보태감 서양기 통속연의(三寶太監西洋記通俗演義)』*의 소재가 되기도

* 이 책은 『삼보태감 서양기 통속연의』(명문당, 총 7권)라는 제목으로 홍상훈에 의해 2021년에 번역 출간되었다.

정화의 대항해 경로 © 중앙일보

했다. 중국 해양소설의 귀한 자료로 평가되는 작품으로, 정화가 탐방했던 서른여섯 개 국가에 대한 인문, 지리, 문화, 군사 등에 관한 이야기가 담겨 있다. 소설은 총 100회로 구성되어 있는데 김벽봉(金碧峰) 장로와 장천사(張天師)*의 협조하에 서양의 오랑캐를 평정하면서 동시에 옥새를 찾아다닌다는 것이 대략적인 설정이자 줄거리다. 실제 정화는 보좌관 왕경홍(王景弘)과 함께 함대를 이끌고 서양으로 떠났다는 점에서 이 소설은 역사적 사실과 일정한 차이가 있다.

---

* 중국 후한 말기의 사람으로 장도릉(張道陵)이라고도 한다. 남장북공(南張北孔)이라 하여 '남쪽엔 장천사, 북쪽엔 공자'라고 할 정도로 남방을 대표하는 인물이다.

소설의 내용을 미루어볼 때 과거 역사를 통해 현실 통치자에 대한 실망감을 폭로하고 민중을 격려하기 위해 쓴 것으로 짐작할 수 있다. 또한 소설은 정화의 업적과 위상이 얼마나 대단했는지를 간접적으로나마 알리고 있다. 즉, 궁지에 빠진 나라를 구하기 위해 과거처럼 다시 바다로 눈을 돌려 해양력을 강화해야 한다는 작가의 주장을 엿볼 수 있다. 해금 정책을 내세우던 명나라에서 이런 발상을 내놓은 작가의 혜안이 참으로 뛰어나다.

대항해를 통해 큰 업적을 쌓은 정화는 생전에 제대로 된 평가를 받지 못했다. 정화는 7차 항해에서 돌아오는 도중 페르시아만의 호르무즈 해협 인근에서 병사했다. 역사서에 보면 흔히 위대한 인물의 죽음 이후에 '온 나라가 울었다'는 표현이 자주 등장하지만, 정화가 죽었는데도 온 나라가 울었다는 기록은 없다. 만약 정화가 그처럼 대단한 인물이었다면 사후에라도 파급효과는 상당했을 것이다. 그러나 현실은 그렇지 않았다. 정화의 죽음 이후 대항해의 기록은 거의 대부분 불태워졌는데, 아이러니하게도 그것을 명 황실이 주도적으로 진행했다. 그 결과, 정화의 30년은 물론 중국 해양의 위대한 30년이 기록에서 사라져버렸다.

여기에는 당시 시대상이 영향을 끼쳤다. 영락제의 죽음 이후 새로운 세력이 등장했으며, 기존 세력과 새로운 세력은 정치나 이념을 두고 하루가 멀다 하고 치열하게 다투었다. 특히 신세력에 정화의 업적은 눈엣가시였다. 정화의 대원정 기록이 세상에

드러나면 기존 세력의 힘이 더 강해질 것이 불 보듯 뻔했기 때문이다. 정화의 위대한 업적은 정쟁으로 인해 역사에서 지워질 수밖에 없었다.

정화가 죽고 난 이후 명은 더 이상 해외로 원정대를 보내지 않았다. 각 지역에서 일어나는 반란을 막느라 정신이 없었기 때문이다. 또한 명은 자원이 풍족하여 자급자족이 가능했기에 외부와 물자를 주고받을 필요도 없었다. 역사를 길게 두고 보면 그 풍족함도 바람 앞의 등불과 같다는 것을 몰랐던 것이다.

가끔 그런 생각을 해본다. 명나라가 정화에 이어 계속해서 해양으로 원정대를 보냈더라면 작가 나무등의 바람대로 명나라가 조금 더 건재하지 않았을까, 적어도 인류 역사에서 꽤 많은 분량의 내용이 바뀌지 않았을까 하고 말이다. 오늘날 유럽이나 미국이 대서양을 넘어 태평양 시대를 구가하듯이, 팍스 아메리카나(Pax Americana)가 아니라 중국이 오대양(五大洋)을 누비는 팍스 시니카 (Pax Sinica)가 되었을지도 모를 일이다. 정화의 시대로부터 600년 가까운 시간이 흘렀음에도 우리가 정화의 탐험을 다시 되돌아봐야 하는 이유이다.

극지

극지 연구의 중요성

극지(極地)란 지구의 자전축이 지표와 교차하여 생기는 북극점과 남극점을 중심으로 퍼져나가는 고위도 지역을 말한다. 극지는 지구의 기후와 환경, 더 나아가 생태계와 인간사회에 중요한 의미를 갖는다. 다만 극지의 환경적 특성상 원활한 연구가 쉽지는 않다. 그러한 점을 보완하기 위해 탄생한 것이 '국제 극지의 해'다.

'국제 극지의 해(International Polar Year)'는 국제과학연맹이사회(International Council for Science, ICSU)와 세계기상기구(World Meterological Organization, WMO)가 공동으로 제정한 것으로, 50년마다 전 세계 과학자가 연대해 남극과 북극을 연구하고 탐험하는 일종의 캠페인이자 올림픽이다. '국제 극지의 해'가 극지캠페인 또는 극지올림픽으로 불리는 이유도 이 때문이다. 극지에 대한 과학적 연구를 통합적으로 수행하는 것을 주요 목적으로 하고 있다.

제1차 '국제 극지의 해'는 1882년에 시작되었다. 그해의 목표는 "지구물리학 현상은 일국적 차원의 노력이 아닌 전 세계적 노력이 필요하다"는 인식의 공유였다. 총 12개 국가가 참여했으며, 주로 북극에서 기상관측 등을 실시했다. 그 결과 북극은 13회, 남극은 2회 등 총 15회의 극지탐사를 진행했다. 특별한 발견보다는 극지 탐사 영역에서 개별적인 노력을 벗어나 국제적 과학 협력을 시작했다는 점에서 큰 의의가 있다.

제2차는 1932~1933년에 진행됐다. 대류권 상부에서 새로 발견된 '제트 스트림(Jet Stream)'이 전 세계에 미치는 영향을 연구하기 위해, 태양 흑점의 최소 활동기로 예상된 시기에 개최됐다. 이전보다 지구나 극지에 대한 국제사회의 관심이 높아진 탓인지 40개국이 참여했다. 기상, 오로라, 자기(磁氣) 등에 관한 연구가 주로 이뤄졌고, 총 40개의 상설 관측기지가 북극에 설립되었다.

제3차는 '국제지구물리년(International Geophysical Year)'이라는 이름으로 1957~1958년에 진행되었다. 명칭이 일시적으로 바뀐 것은 지구환경 변화에 대한 지구물리학 연구의 필요성이 대두되었기 때문이다. 이 시기에는 북극보다 한 덩어리의 대륙으로 이어진 남극에 더 많은 관심과 중요성을 두었다. 총 12개국이 65개의 남극기지를 건립했고, 67개국에서 5,000여 명의 과학자를 파견했다. 1961년에는 '남극조약'도 발효됐다. 남극조약은 극지를 이야기할 때 빼놓을 수 없는데, 핵심 내용은 남극을 개별 국가의 영토가 아닌 범세계적 차원에서 바라보자는 것이다. 1908년 영국을 시작으로 호주, 뉴질랜드, 프랑스, 아르헨티나 등이 남극에 대한 영토 주권을 주장한 바 있다. 이를 해결하기 위해 미국을 중심으로 일본, 벨기에, 소련 등이 영토 주권을 요청한 국가들을 초청해 "남극은 평화적 목적으로만 이용하며, 과학 연구의 자유와 협력을 약속하자"는 서명을 끌어냈다.

제4차 '국제 극지의 해'는 2007~2008년이다. 이때는 63개국에서 5만여 명의 과학자가 대거 참가해 기후 변화 및 극지방 환경 변화와 관련한 약 220개의 연구 프로젝트를 수행했다. 우리나라는 「남극 빙하시추」, 「남극 대륙종단 연구」, 「북극 대기성분 관측」 등의 프로그램을 발표했으며, 「세종기지 주변의 생태계 변화 국제 공동연구」, 「오호츠크해의 가스 수화물 국제 공동 탐사」, 「북극 해양생태계 변화 모니터링 연구」 등을 수행했다.

북극을 향한 끝없는 탐험

대양으로의 탐험이 어느 정도 무르익었을 무렵, 탐험가들의 관심은 어느새 극지로 향해 있었다. 우선은 북극이었다. 북극탐험은 대서양과 태평양을 연결하는 두 갈래의 최단 항로 개척을 중심으로 전개되었다. 한 갈래는 북아메리카의 북쪽 연안을 따라 진행되는 북서 항로(Northwest passage)이고, 다른 갈래는 아시아와 유럽의 북쪽 연안을 따라 진행하는 북동항로(Northeast passage)다.

1585년 영국의 항해가 존 데이비스(John Davis)가 캐나다와 그린란드 중간 해협에서 북쪽으로 항해한 끝에 북위 72° 12′ 지점에 도달했는데, 이는 캐나다 북극지방에서 태평양에 이르는 북서 항로의 발견이었다. 이후 1594년 네덜란드 탐험가 윌리엄 바렌츠(Willem Barentsz)가 북극해 바깥쪽 해역에 도착했고, 그곳을 바렌츠해라 칭했다.

1616년에는 영국의 북극탐험가 윌리엄 배핀(William Baffin)이 데이비스의 항로를 따라 북위 77° 45′의 해역에 도착, 그곳을 배핀만이라 칭했다. 그러나 배핀은 북서 항로에서 더 나아갈 항로가 존재하지 않는다고 확신해 북극 탐험을 중단한다. 하지만 1728년 러시아의 탐험가 비투스 베링(Vitus Bering)이 북위 67° 18′, 서경 167°의 지점인 베링해협을 발견한다. 이곳은 탐험가들에게 새로운 탐험이 진행되는 통로가 되었다.

두 번의 항해로 남극해를 발견한 바 있는 영국의 탐험가 제임스 쿡(James Cook)은, 대서양과 태평양을 연결하는 북서 항로를 개척하기 위해 1776년에 세 번째 항해에 나선다. 영국해협에서 출발해 남아프리카공화국의 희망봉을 돌아 뉴질랜드에 도착한 후 북상했다. 그는 베링해협을 지나 북위 70° 41′의 지점을 항해할 때 빙하를 만나 알래스카의 최북단으로 방향을 바꾼다. 그때 발견한 곳을 쿡 만이라 칭했다.

당시만 해도 바다에 떠 있는 얼음 조각 즉, 유빙(流氷, 떠다니는 빙하)들은 탐험가의 의지를 꺾는 무서운 장애물이었다. 그러나 산업혁명 이후 항해 도구와 항해 기술이 눈부시게 발전해 북

북극 북극항로 현황 ⓒ 해양수산부, 연합뉴스

극 탐사에도 근본적인 돌파구가 마련되었다. 그 영향을 직접적으로 받은 인물이 노르웨이의 탐험가 프리티오프 난센(Fridtjof Nansen)과 로알 아문센(Roald Amundsen)이다.

이전에 빙하 탐험이 가능했던 배들에는 공통적인 특징이 있었다. 지방이 많이 함유된 노루 가죽으로 배의 돛을 제작해 추운 날씨에도 얼지 않도록 했으며, 선체를 달걀 모양으로 만들어 유빙을 타고 넘을 수 있도록 해 배의 파손을 방지했다. 오늘날 쇄빙선의 외형 역시 이러한 원리를 활용한 것이다. 1893년 난센은 위와 같은 형태를 바탕으로 자신이 직접 설계한 프람(Fram)호를 타고 북서 항로를 통해 북위 86° 14′, 동경 86°지점까지 도달한다. 그는 북극해의 빙산, 물의 흐름, 해양생물에 관해 조사하고 돌아와 『극북 지역(Arctic Ocean)』을 출간한다. 난센의 보고서와 항해 루트를 꼼꼼히 연구한 아문센은 1903년 노르웨이에서 출발해 서쪽으로 탐사 항해를 진행, 1906년 태평양 북쪽 해안에 도착한다. 두 사람의 선진적인 탐험 성과 덕분인지 3년 후 미국의 탐험가 로버트 피어리(Robert Edwin Peary)가 마침내 북극점에 도달한다.

1. 실제 프람호 모습
2. 복원한 프람호 모습
ⓒ 박수현

아문센과 스콧의 남극 경쟁

남극 탐험은 19세기에 들어서야 시작된다. 대표적인 남극 탐험가로는 러시아의 탐험가 벨링스하우젠(Fabian Gottlieb von Bellingshausen)을 든다. 1819년 러시아 황제 알렉산드르 1세의 명령으로 함대를 이끌고 남극으로 출발한 그는, 남위 69° 25′의 지점까지 닿았고 이 지역을 황제의 이름을 따 표트르 1세 섬, 알렉산드르 1세 섬 등으로 명명했다. 그는 자신의 경험을 바탕으로 『1819~1821년 2회의 남빙양 대륙 탐험과 세계 일주』를 출간한다. 두 척의 배를 이끌고 남극으로 간 영국의 극지탐험가 로스(Clark Ross)는 1840년 남극 대륙의 중심부를 조사한다. 그 결과 남위 70~85°의 지역인 로스해, 로스섬, 로스 빙벽 등을 발견한다.

1800년대에도 다소 지지부진했던 남극에 관한 관심은, 남극 진출을 호소한 1895년 영국 런던에서 열린 제6차 국제지리학회를 통해 점화된다. 이 시기를 기점으로 남극점 정복을 둘러싸고 벌이는 노르웨이의 아문센(Roald Amundsen)과 영국의 남극 탐험가 로버트 스콧(Robert Falcon Scott)의 경쟁은 극지 탐험사에서 아주 흥미로운 부분이다.

1910년 6월 두 탐험가는 모두 각자의 국가에서 동시에 출발한다. 모두 남극에 도달하지만 최후의 승자는 1911년 12월

아문센과 스콧의 탐험경로

14일에 먼저 남극점에 도착한 아문센 일행이 되었다. 스콧 일행은 아문센보다 34일 늦은 1912년 1월 18일에야 남극점에 도착한다. 이러한 결과는 여러 가지 차이에서 비롯되었다.

썰매를 끄는 동물로 아문센은 개를, 스콧은 조랑말을 선택했는데 조랑말은 추위를 견디지 못해 전멸하고 만다. 산업혁명의 나라인 영국 국민답게 스콧은 최신식 모직 방한복을 입었던 반면, 아문센은 북극해 연안에 사는 이누이트족처럼 털가죽 옷을 입었다. 추위를 견디는 것에 있어서는 털가죽을 따라올 수 없었

스콧과 탐사 대원

ⓒ 박수현

다. 무엇보다 아문센은 베이스캠프를 스콧의 캠프보다 남극점에 더 가까운 지점에 설치했다. 아문센의 탐험대는 남극점에 도달하고 6주 만에 베이스캠프로 돌아올 수 있었는데, 베이스캠프와의 근접성이 고된 탐험을 마치고 돌아오는 여정을 단축해주었을 것이다.

그러나 안타깝게도 스콧과 동료들은 베이스캠프로 귀환하는 도중 죽음을 맞이하고 말았다. 목숨을 담보로 하는 탐험에 있어서 그 지역의 특성을 파악하고 그에 걸맞은 준비를 하는 것이 얼마나 중요한가를 새삼 떠올리게 해준다.

이후 여러 나라의 탐험가들이 남극으로 진출했고, 1950년대 이래로 남극 대부분 지역에 인류의 발길이 닿았다. 1954년 이후

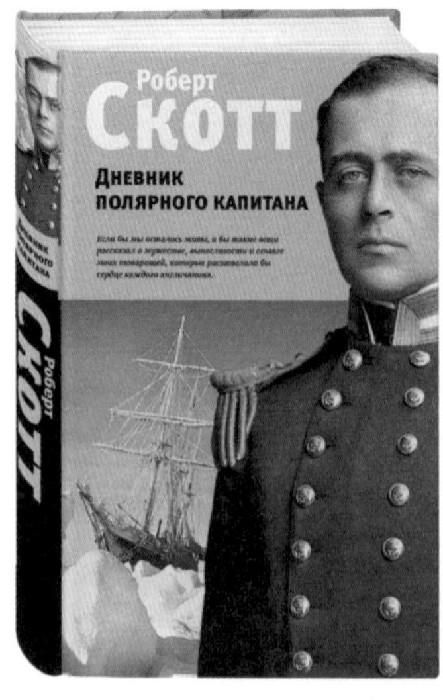

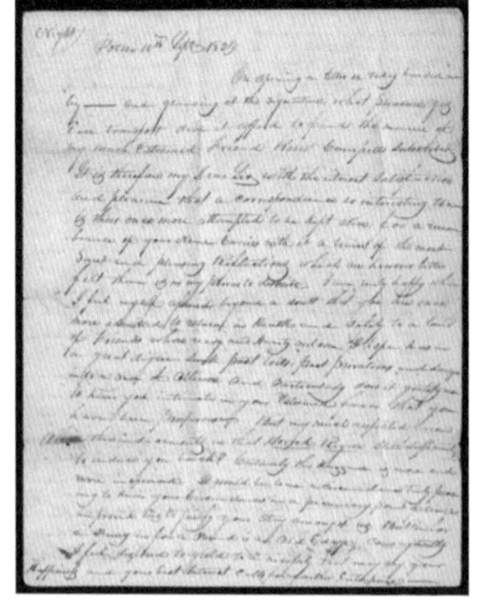

스콧의 일기장 © 박수현

남극 대륙 깊숙이 들어가 대륙 구조와 주변의 윤곽선을 확인했다. 덕분에 세계 지도에는 지금과 같은 남극 대륙의 윤곽이 담길 수 있었다.

기술이 발달한 오늘날에도 극지 탐험은 결코 쉬운 일이 아니다. 과거에는 더 말할 것도 없다. 스콧이 사망한 이후 구조대가 스콧의 일기장을 발견했다. 일기장에는 마지막까지 의지를 잃지 않았던 대원들의 탐험 정신이 담겨 있었다. 오늘 우리가 이만큼 극지에 가까워질 수 있었던 것은 스콧과 같은 수많은 탐험가들의 도전과 희생 덕분에 가능한 일이었다.

극지를 향한 인류의 도전

극지는 탐험가에게 있어서 선망의 공간이다. 만년설, 코발트블루 색의 빙산, 과학기지 등의 단어는 탐험가들의 심장을 두근거리게 한다. 오랫동안 잠들어 있던 미지의 세계를 동경하는 사람이라면 누구나 환상의 청정 공간인 극지 탐험을 꿈꾼다.

극지에 관한 관심은 훨씬 이전부터 존재해왔다. 특히 북반구에 위치한 고대 문명권과 고대 그리스인들도 별의 운행을 관찰한 결과, 모든 별이 북극성을 중심으로 그 주위를 회전한다는 사실을 확인했다. 유럽의 원주민 중 일부는 이미 1,000년 전에 북극에 진입한 바 있다. 극지 탐험은 인간의 한계에 맞선다는 점에서 자부심을 불러일으켰다.

16세기 대항해의 바람이 불며 극지 탐험에 대한 관심도 증대됐다. 북극 탐험은 선제 정복에 따른 명예와 함께 막대한 부까지 동시에 거머쥘 수 있었는데, 실제 북극에는 상당량의 금, 석유, 천연가스 등의 자원이 매장되어 있었다. 또한 북극을 거쳐 아시아로 가는 신항로를 확보할 수 있었다. 이러한 연유로 북극 정복이 항해자들의 목표가 되었다.

극지 탐험은 부정적 측면으로 과열된 점이 있지만, 북극에 대한 다양한 연구 활동이 이뤄지는 계기가 되기도 했다. 탐험가들

빙산 © 김웅서

의 개척 정신 덕분에 인류는 북극에 대한 자세한 정보를 빠르고 방대하게 축적할 수 있었다.

남극 탐험은 북극보다 늦은 18세기 이후부터 본격적으로 시작되었지만, 그 관심은 역시 고대부터 존재했었다. 고대 그리스인들은 북반구와 대칭하여 남쪽 끝에도 바다로 둘러싸인 '남부 대륙'이 있을 것이라 상상했다. AD 2세기 그리스의 천문학자이자 지리학자인 프톨레마이오스(Klaudios Ptolemaeos)가 그린 마법 지도에는 '미지의 남부 대륙(Terra incognita secundum ptolemaeum)'이라는 글자가 선명히 새겨져 있다. 고대 그리스인의 막연한 상상은 남극 탐험의 크나큰 동력이 되었을 것이다.

남극대륙 탐사는 네덜란드, 영국, 프랑스, 러시아 등에 의해 먼저 시도됐다. 1772~1775년에는 영국의 탐험가 제임스 쿡이 3년 8개월 동안 무려 97,000km를 항해해 남극권에 진입했으나, 대륙 발견에는 실패했다. 하지만 쿡의 시도는 많은 탐험가의 도전에 불을 붙였다. 1810년 7월에는 호주인이 오스트레일리아 태즈메이니아섬 남동쪽 1,400km 지점에 있는 매쿼리 섬(Macqurie Island)을 발견했다. 1819년에는 영국의 지질학자 윌리엄 스미스(William Smith)가 남아메리카와 남극반도 사이에 있는 사우스셰틀랜드 제도를 발견하면서 '미지의 남부 대륙'의 신비가 서서히 벗겨지기 시작했다. 1911년에 노르웨이의 탐험가 아문센이 이끄는 원정대가 마침내 남극점에 도달하면서 이들은 '남극에 도달한 최초의 인류'라는 영예를 얻었다.

Circius
Septentrio
Corus
Zephyrus
Parall. 21.
Per Thylen
Parall. 16.
Per Riphæus
Parall. 15.
Per Borysthen
Parall. 14.
Per Pontum
Parall. 12.
Per Romam
Parall. 10
Per Rhodu.
Parall. 8.
Per Alexand.
Parall. 6.
Per Syenen.
Parall. 4.
Per Meroen.
Parall. 3.
Parall. 2.
Parall. 1.
Aequator.
Dies hor 12
Parall opposi
Per Meroen.
10 20 30 40 50 60 70
Anglia
Hispania
Gallia
Ger mania
EV RO PA
Tanais
Græcia
Pontus Euxin
Asia minor.
Mare Mediterraneum
Atlas
AFRI CA
Syria.
Aegiptus
Libya interior.
Sinus Hesperius
Mons.
Nilus fl.
Aequinoctialis Circulus
Aethio pia interior
10
20
Trobicus Cabricorni
30
40
50
60
70
Lybs Africo
Lybonotus

프톨레마이오스 고대지도

남극 탐사는 크게 범선의 시대, 영웅의 시대, 기계화의 시대, 과학탐사의 시대를 거친다. 범선의 시대는 1772년 제임스 쿡이 첫 돛을 올렸을 때부터 19세기 말까지 수많은 탐험가가 남극 대륙을 찾기 위해 떠났던 항해의 시대를 일컫는다. 영웅의 시대는 20세기 초부터 제1차 세계대전 이전까지 아문센과 스콧 등 남극을 정복한 영웅이 탄생한 시기다. 기계화의 시대는 제1차 세계대전 이후부터 1950년대 중반까지로 개썰매 등과 같은 원시적 장비 대신 과학적 장비를 동원해 남극 대륙을 탐험한 시기다. 과학탐사의 시대는 1958년 '국제지구물리년'부터 현재까지로 남극에 기지를 건설해 여러 분야의 과학 조사 및 연구를 시행한 시기를 일컫는다. 현재 남극에는 30개국의 150여 개 기지가 자리 잡고 있다.

극지 연구의 진정한 가치

오랜 탐험과 연구에도 불구하고 극지 연구는 현대로 올수록 그 중요성이 더욱 강조되고 있다. 여전히 풀리지 않은 비밀과 과제가 많아서일까? 지금 이 순간에도 수많은 과학자들이 극지의 기지에서 연구 활동을 수행하고 있다. 그렇다면 극지 연구는 왜 필요한 것일까?

남극은 지구환경 변화에 가장 민감한 지역으로, 지구 전체의 기후를 관찰하는 기상연구소 역할을 한다. 더불어 지구환경의 과거와 현재가 축적되어 있기 때문에 지구환경 변화에 관한 연구가 이뤄지기도 한다. 초고층 대기는 물론 선명한 우주 관찰이 가능한 남극은 지구 너머의 세계로 향하는 창(窓)과도 같다. 북극 역시 인류문명의 비밀을 간직한 저장고다.

극지를 통해 지구의 과거와 현재를 살피고 미래를 예측하는 일은 각국의 극지연구소에서 수행한다. 그중 우리가 흔히 말하는 남극기지는 세계 각국이 남극에 지은 연구소나 과학시설을 일컫는데, 특정 국가가 남극기지를 갖기 위해서는 먼저 '남극조약'에 가입해야 한다. 남극기지는 주로 하계 기간에 즉, 높아진 기온으로 남극 대륙 해안과 섬 등의 암석이 노출된 시기에 만들어진다. 하계에 4,000여 명, 동계에 1,000여 명 정도가 남극에 체류하며 주로 빙하, 지질학, 지구물리학, 기상 등에 관한 연구를 수행한다. 기지는 원정대원들의 생활과 업무, 연구가 효율적으로 이뤄질 수 있도록 물류, 교통, 통신, 생활 시설 등의 기능을 갖추고 있다.

우리나라는 남극과 북극에 각각 기지를 가지고 있다. 북극에는 조선 후기의 실학자 정약용(丁若鏞)의 호(號)를 딴 '다산(茶山) 과학기지'가 있다. 2002년 4월 29일에 설립했으며, 북극의 노르웨이령 스발바르 제도 스피츠베르겐섬의 뉘올레순에 위치하고 있다. 대한민국은 북극에 기지를 설치한 세계 12번째 국가이며, 세계에서 8번째로 남극과 북극에 모두 기지를 보유한 국가다.

다산과학기지에는 연구를 수행할 때마다 최대 12명 정도의 연구원이 일정 기간 체류한다.

남극에는 1988년 2월 17일에 설립된 '세종(世宗)과학기지'가 있다. 사우스셰틀랜드 제도의 킹조지섬 남서쪽 해안의 바톤반도에 위치한다. 기지가 위치한 곳은 남극에서도 비교적 날씨가 온화해 여름에는 산란과 번식을 위해 많은 동물이 모여들어 생물학자의 관심이 집중되는 곳이다. 한국해양과학기술원(KIOST) 부설 극지연구소에서 운영하며, 16개의 건물과 부두, 저유탱크 시설을 보유하고 있다. 여름에는 극지연구소를 비롯해 다른 연구기관에서 초청된 사람까지 포함해 최대 90명까지 수용이 가능하다. 겨울에는 엔지니어와 과학자로 이루어진 17명이 월동대로 활동한다. 그런데 최근 몇 년 사이 '남극의 하와이'로 불릴 정도로 기지 주변의 기후가 따뜻해지고 있어 큰 우려를 낳고 있다. 오늘날 지구에서 벌어지는 이상 기후현상의 원인을 단적으로 보여주고 있는 듯하다.

인류는 극지를 정복하는 과정에서 많은 생명을 잃는 등 큰 대가를 치렀다. 북극 탐사 과정에서 희생당한 수만 해도 공식적으로 500여 명에 이른다. 이들의 희생 덕분에 인류는 극지를 통해 지구와 공생하는 방법을 연구할 수 있게 되었다. 극지는 여전히 수많은 비밀과 해답을 간직하고 있는 신비의 공간이다. 지구의 바로미터이자 천연실험실인 극지에 대한 연구는 앞으로도 계속되어야 할 것이다.

1. 세종과학기지
2. 다산과학기지

ⓒ 박수현

해양고고학

신비로운 해양고고학

우리나라의 해양고고학, 그중에서도 수중 고선박 발굴의 역사는 그리 오래되지 않았다. 1975년 신안군 증도면 방축리 앞바다에서 조업하던 어부의 그물에 우연히 걸려든 '항아리'로부터 시작되었다고 해도 과언이 아니다. 어부는 이를 관계 당국에 신고했고 검증 결과 고려청자로 밝혀졌다. 이 소식은 바로 문화재청에 보고되었고, 그 이듬해부터 발굴이 시작됐다.

고려청자 인양 지역 해저 20m 지점에서 길이 28m 규모의 선박 뼈대와 함께 흩어져있는 유물이 발견되었다. 발굴이 시작된 이래로 9년에 걸쳐 11차례의 수중 발굴이 진행되었다. 이 과정에서 중국의 도자기, 각종 금속공예품, 고려의 청자와 청동 거울, 일본의 칠기 그릇을 비롯해 동남아시아의 향신료, 무게가 28t에 이르는 800만 개의 동전, 단단하고 잘 썩지 않아 고급 가구나 불상을 만드는 데 사용되는 자단목 등 총 2만 7천여 점의 유물이 발굴되었다. 특히 이들 물품의 행선지를 알려주는 꼬리표인 목간(木簡)이 발견되면서 유물들의 실체가 벗겨졌다.

발굴지의 지명을 따라 명명된 '신안선'은 조사 결과 1323년 일본 도후쿠사(東福寺) 등이 주문한 무역품을 싣고 중국 원(元)나라 명주(明州, 지금의 寧波)를 출항해 일본 후쿠오카(福岡) 하카타(博多)와 교토(京都)로 항해하던 중 당시 고려의 신안 앞바다에서 침몰했던 중국 무역선이었다. 700여 년을 수중에 잠겨 있으면서도 파손이나 부패가 덜 진행된 것은 배를 덮고 있던 서해의 갯벌이 물살이나 박테리아 등으로부터 보호해준 덕분이었다. 1984년 인양된 신안선의 남아 있는 선체의 길이는 24.2m, 너비 9.15m, 깊이는 1.98m다. 본래 길이는 약 34m, 최대 너비 약 11m, 최대 깊이 약 3.7m, 중량 200t 정도로 추정되는데, 100여 명을 태울 수 있는 규모였다고 한다. 신안선을 길이 28.4m에 너비 6.6m 크기로 복원해 현재 목포 국립해양유물전시관에서 상설 전시하고 있다.

중국 원나라의 고선박 신안선을 인양하면서부터 시작된 한국의 수중고고학은 이후 완도선(1984년 전남 완도/11세기 고려), 진도선(1991년 전남 진도군 벽파리/중국 원나라), 달리도선(1996년 전남 목포 달리도/13세기 고려), 십이동파도선(2004년 전북 군산시 옥도면 십이동파도/11세기 고려), 안좌도선(2005년 전남 신안군 안좌면 금산리/고려) 등을 차례로 발굴했다. 이후로도 마도1·2·3·4호선(2007년 충남 태안 마도해역/마도1~3호 고려, 마도4호 15세기 조선), 대부도 2호선(2014년 경기 안산시 대부도 해역/12~13세기 고려) 등 지금까지 모두 14척의 고선박이 발견되었다. 침몰 당시 사람들이 쓰던 온갖 물건과 유물이 실려 있는 이 고선박을 학계에서는 '바닷속 타임캡슐' 또는 '보물선'이라 부른다. 이렇게 발굴된 고선박은 당시 동아시아 3국 간의 해상 무역 경로 및 규모, 내용 등은 물론 당시 사람들의 생활상을 파악하는 소중한 고고학적 단서가 된다.*

고선박만이 아니라 현대선박 발굴 인양도 주목받는 수중발굴 분야 중 하나다. 2020년 5월 미국의 민간업체인 RMST가 무선 마르코니 전신기(Marconi Telegraph)를 회수하기 위해 북대서양 600m 해저에 가라앉아 있는 타이타닉(Titanic)호를 인양하겠다고 밝혔다. 건조 당시 세계에서 가장 큰 배였던 타이타닉호는 길이 269m, 높이는 20층 규모였다. 단순히 크기만 큰 것이 아니라 당대의 혁신적인 기술을 접목해 절대 가라앉지 않는 배, 일명 '불침선(不沈船)'이라 불렸다. 그러나 출항 닷새만인 1912년 4월 15일 타이타닉호는 2,400여 명의 승선자 중 1,500여 명과 함께 차가운 바닷속으로 가라앉고 말았다. 마르코니 전신기는 타이타닉호 조난 당시 인근 선박에 도움을 요청할 때 쓰였던 장치다. 선박 인양은 전신기의 회수와 복구를 통해 당시 상황과 목소리를 되살리려는 시도였다. 그러나 희생자의 유해를 훼손시킬 수 있다는 유가족 측의 반대로 인양은 일단 취소됐다. 여전히 타이타닉호는 바닷속에 잠겨있지만 이러한 논의는 대형 선박의 수중 인양이 과학적으로 가능함을 환기시켜 준, 해양고고학에 있어 매우 의미 있는 사건으로 평가된다.

---

* 이것과는 조금 다르지만, '안압지 통나무배'(신라), '비봉리 목선'(경남 창녕, BC 6000년경) 등 강이나 호수에서 발굴된 고선박도 있다. 이 중 비봉리 목선은 우리나라뿐 아니라 세계 최고(最古)의 목선으로 추정되고 있다.

타이타닉호 잔해
(2005년)
ⓒ 위키피디아

해양고고학의 연구 분야와 가치

인류는 선사시대부터 오늘날까지 해양과 관련된 환경에 살며 수많은 흔적을 남겨왔다. 해양고고학은 인류의 해양 활동이 남긴 흔적, 그중에서도 특히 유물에 관한 과학적인 연구를 뜻한다. 수중고고학, 해상고고학, 선박고고학 등으로 구분되기도 한다.

해양고고학은 대부분 배와 깊은 연관성을 가진다. 배는 오래전부터 사람뿐만 아니라 물건을 운반하는 대표적인 수단이었다. 배에 실린 화물과 선상 생활용품 등은 과거의 생활상을 온전히 담고 있다. 해양고고학은 고선박의 역사적 가치와 잔류 유물 등을 연구함으로써 그것을 만들고 사용한 사람, 당시 시대상 등을 파악한다.

해양고고학은 크게 세 가지 연구 분야로 나뉜다. 첫 번째는 선박 침몰에 관한 연구다. 주로 선박의 침몰 과정에 관해 연구하며, 선박 해체를 통해 침몰 과정, 인양 과정, 쉽게 부식되는 물질의 분해 과정 및 침몰당한 배의 잔해 물질의 특성에 관한 연구·분석 등을 진행한다. 이를 통해 배의 침몰 현상이 갖는 보편적인 법칙이나 특징을 확인한다.

다음은 침몰 전 배에 관한 연구다. 배를 구성하는 재료와 선체 구조에 관한 연구는, 배가 인류의 오랜 교통수단이었던 만큼 매우 중요하다. 그렇기 때문에 고선박이 온전히 발굴되는 경우는 해양고고학계로서는 큰 행운에 속한다. 해저에 남은 선체, 남아 있는 선박의 각종 장비, 선체의 재료를 통해 선박 건조 기술을 파악하는데, 당시 사회의 기술 수준을 반영하는 선박 연구를 통해 그 시대의 기술과 조직 능력을 파악할 수 있다. 또한 연구를 통해 옛 선박의 설계 자료나 도안, 건조 방식 등을 도출해 옛 선박 형태를 복원하거나 오늘날 건조 방식 등에 활용하기도 한다.

마지막으로 해양문화에 관한 연구다. 침몰 선박에 관한 실증적 연구를 통해 당대의 역사를 파악한다. 위 두 연구가 선행되어 선박의 건조 및 침몰 연대와 과정 등을 밝히고 난 뒤, 선박이 운항되던 시대와 결부 지어 당대 해양문화에 대한 새로운 분석을 내놓는 것이다. 예컨대 침몰 선박에 적재된 화물이 무엇인지에 따라 선박의 용도가 군사용인지 상업용인지 구분한다. 군사용이라면 당대 벌어진 해전(海戰)에 관한 정보와 군사의 규모 등을 알 수 있다. 상업용이라면 국가의 경제 상황이나 무역량, 물품 등을 파악할 수 있는데, 유물의 발굴 정도에 따라 해상경제와 해상무역사에서 획기적인 성과를 거둘 수 있다.

또한 침몰선과 잔재 유물을 통해 당대 선상 사회의 문화적 특징을 알 수 있다. 선박은 독특한 등급제도와 풍속습관을 가진 폐쇄된 사회와 같다. 침몰선에 남아 있는 유물이나 선박 구조 등은 당대 생활환경과 선원들의 승선생활 방식 등을 유추하게 해준다. 예컨대 타이타닉호의 특정 구역에서 발견된 사람의 옷가지, 장신구, 기타 물품 등을 통해 배 안의 승객이 어떻게 구분되었는지, 계급에 따른 복식은 어떻게 다른지 알 수 있다. 해양고고학 중 침몰선과 유물을 통한 해양문화 연구는 어느 정도 진전되었지만, 항해 집단에 관한 연구는 여전히 부족해 앞으로 더 관심을 갖고 진행되어야 할 것이다.

우리나라 해양고고학의 방향

현재 해양고고학의 위치는 어디쯤일까? 20세기 초만 해도 해양고고학의 학문적 입지나 수준은 미미한 정도였다. 시스템도 거의 없다시피 했다. 20세기 중반 이후 잠수장비 기술이 발전하면서 시스템이 구축되기 시작했는데, 대표적으로 프랑스의 환경운동가이자 영화감독인 자크 쿠스토(Jacques Cousteau)가 제2차 세계대전 기간에 발명한 수중호흡 장비인 아쿠아렁(Aqua lung)이 있다. 이후 잠수 및 심해 탐사 분야 기술이 발전하면서 인간의 활동 영역은 넓어졌다. 1,000여 척이 넘는 난파선이 발굴되었고, 수많은 유물을 통한 연구가 누적되면서 해양고고학의 위상과 가치도 상승했다.

그렇다면 우리나라의 경우는 어떨까? 아시아에서 본격적으로 해양고고학이 다뤄진 시기를 1970년대로 보는데, 우리나라도 비슷한 시기에 시작됐다. 앞서 말한 바와 같이 국내 연구는 1975년의 신안선 발굴이 시초다. 이후 1981년 국내 유일의 해

자크 쿠스토

ⓒ 박수현

양문화유산 종합 연구기관인 국립해양문화재연구소의 전신이라 할 수 있는 '목포보존처리장'이 개설되면서 해양고고학의 영역도 넓어지기 시작한다.

우리나라 해양고고학에서 일련의 성과가 나오게 된 데에는 씨뮤즈호와 누리안호의 역할이 크다. 씨뮤즈(Seamuse)호는 2006년 건조된 국내 최초의 '수중문화재 탐사선'이며, 누리안(Nurian)호는 2013년 건조된 아시아 최초의 '수중문화재 발굴 전용선'이다. 특히 누리안호는 최대 정원이 35명으로 제법 규모 있는 선박이다. 2012년 인천 옹진군 섬업벌 해역의 영흥도선 발굴을 시작으로 전국의 해양문화재 발굴을 주도하고 있다.

앞으로 우리나라 해양고고학이 더욱 발전하기 위해서는 해양과 고고학 지식을 동시에 갖춘 인재 양성이 필요하다. 해양고고학 관련 기관에서 전문 인력을 양성하고 있으나, 여전히 해양고고학을 전문적으로 가르치는 대학의 학과조차 없는 것이 현실이다. 또한 큰 비용이 소요되는 해양고고학 관련 기술 개발 및 연구를 위해 국가 차원의 지원이 절실하다. 지금 단계에서 앞으로도 꾸준한 지원과 연구가 이뤄진다면 해양고고학의 영역은 고대, 중세는 물론, 근세와 근대까지 확장될 것이다. 특히 임진왜란 관련 기록에서 그 존재가 확인되었음에도 불구하고 아직까지 단 한 척도 발굴되지 못한 거북선의 미스터리를 풀 수 있는 유일한 방법은 바로 해양고고학이다. 근대 한반도 연안에서 발발했던 해전에서 침몰한 러시아, 중국, 일본의 군함을 발굴·연구하는 숙제도 남아있다. 물속에 잠긴 인류 문명의 비밀은 오직 해양고고학을 통해서만 밝혀낼 수 있다.

1. 누리안호
2. 씨뮤즈호
ⓒ 해양문화재연구소

해양민속

해양민속과 해양 사회

바다와 관련된 각 지방의 풍속과 생활상은 '해양민속'이라는 이름으로 전해지고 있다. 해양민속은 인류가 해양을 경외(敬畏)의 대상으로, 또는 친숙한 생활환경으로 만들어온 과정이며 기록과 구전, 전수와 교류를 통해 오랜 시간 이어져 온 인류 해양문화의 핵심이다.

해양민속은 크게 물질생활, 제도생활, 정신생활의 세 가지 층위로 나뉜다. '물질생활 층위'는 친해양 집단이 보편적으로 보여주는 재료 즉, 인류의 삶에서 빼놓을 수 없는 의식주행(衣食住行)을 의미한다. 예컨대 연해 지역 주민들이 즐겨 입는 의복의 재료와 스타일, 바다에서 직접 포획한 해산물 위주의 음식, 내륙과 구별되는 연해 지역 가옥의 재료와 구조 등이 해당한다. 그러나 이렇게 중요한 자료들이 오늘날 어촌의 급격한 도시화로 인해 일부 식습관을 제외하고는 대부분 사라진 측면이 있다.

'제도생활 층위'는 해상작업이나 관혼상제보다 훨씬 더 보편적이고 광범위한 일상 제도를 가리킨다. 명확한 규정보다는 대부분 선조들이 만든 개념화된 규칙에 해당한다. 예를 들어 배 위에서 식사를 할 때 생선을 뒤집지 않는다든지, 대소변을 어떻게 처리한다든지 하는 것들이다.

마지막으로 '정신생활 층위'는 해양신앙, 전설, 민담 등 인류가 해양과 주고받은 정신적인 부분에 해당한다. 신앙과 같은 추상적인 것뿐만 아니라 각종 놀이, 음악, 조형예술 등도 여기에 포함되는데, 대표적으로 수영 어방놀이, 동해안 별신굿, 지역별 어로요 등을 들 수 있다.

정신생활 층위 중에서도 해양신앙은 역사이자 문화현상으로 볼 수 있는데, 인류의 해양 인식이나 생활 방식을 확인할 수 있는 중요한 토대이기도 하다. 해양신앙은 연해 지역의 민간에서 자발적으로 탄생했다. 바다에서의 생산 활동은 육지에서보다 훨씬 위험했기 때문에 안전을 기원할 대상이 필요했을 것이다. 이렇게 해상에서의 안전과 더불어, 풍요로운 수확에 대한 기원도 해양신앙 안에 담겨 있다. 그런 점에서 해양신앙은 매우 실용적이라고 볼 수 있다. 그래서인지 해양의 신(神)은 그 형태 또한 다양한데, 항해와 조업에 유리하다면 신은 얼마든지 많아도 문제될 것이 없었기 때문이다.

해양신앙의 핵심은 해양에서의 제사를 뜻하는 해제(海祭) 즉, 바다 굿을 말한다. 해제는 해신(海神), 정령, 자연현상 등을 대상으로 한다. 그중에서 가장 중심은 해신으로, 바다를 끼고 살아가는 사람들의 상상 속에서 창조된 해양 신이다. 해신은 크게 네 가지로 분류할 수 있는데 첫 번째는 동물토템 신이다. 초기의 해신신앙에서 주로 찾아볼 수 있는데, 대표적인 예로 '고래'가 있다. 고대인들은 고래를 사냥함과 동시에 신앙의 대상으로 삼았다. 신화적인 존재로 여겨 사냥 기간을 일정하게 정해두었고, 특정 시기에는 사냥하지 않기도 했다. 예컨대 시베리아 동북부 오호츠크해 연안의 코랴크(Koryaks)족은 고래 한 마리를 사냥할 때마다 죽은 고래에 대한 사죄의 의미를 담은 제사를 지역 축제처럼 지냈다. 고래 고기를 식용한 후 반드시 고래의 머리와 영혼을 바다에 돌려보내는 제사를 지냈다. 이는 고래의 영혼이 돌아가 다른 고래에게 이곳 사람이 친절하다고 알려주길 바라는 의미에서였다.

두 번째는 사람과 야수가 한 몸인 해신이다. 대표적으로 중국 고대의 신화집 『산해경(山海經)』에 기록된 동이족(東夷族)*을 들 수 있다. 동이족은 사람 얼굴에 새의 몸체를 하고 있는데 새는 이 부족의 토템 신앙과 관련이 있다.

세 번째는 인간의 형태를 한 신이다. 그리스신화 속에서 흔히 볼 수 있으며, 대표적으로 포세이돈(Poseidon)을 들 수 있다. 포세이돈은 매우 강한 힘을 가진 신으로 묘사되었으며, 거대한 파도는 포세이돈의 분노로 치환되곤 했다. 바다에 대한 인간의 사유가 반영된 포세이돈의 모습과 성격을 통해 우리는 바다에 대한 인간의 두려움과 공포가 얼마나 컸는지 짐작할 수 있다.

네 번째는 죽은 뒤 해신이 된 경우다. 다시 말해 인간이었을 때 가졌던 진귀한 능력으로 인해 죽은 후 해신으로 숭상되는 형태다. 대표적으로 동아시아의 여신이자 대만과 중국 남방의 거

* 중국인이 동쪽의 주변 민족들을 지칭하며 부르던 명칭.

친 바다에 평온을 가져다준다고 일컬어지는 마조(媽祖)를 들 수 있다. 명나라 말기 하교원(何喬遠)이 쓴 『민서(閩書)』에서 마조는 1,000년 전 송나라 시대의 임묵(林默)이라는 실존 인물로 묘사된다. 사람들은 마조를 자애롭고 선량한 여성으로 여겼다고 하는데, 이 때문인지 인간을 넘어 해신으로서 숭배의 대상이 되었다.

해양신앙을 포함한 해양민속은 인류의 오랜 해양경험과 지혜의 산물로 인류의 해양 DNA가 축적된 문화유산으로 이해해야 할 것이다. 해양민속의 재조명을 통해 해양 민족의 우수한 문화자원을 되살려낸다면, 다채로운 해양 스토리텔링의 창조적 원천이 될 것이다.

해녀

해녀, 경이로운 해양문화 자원

미국의 작가 리사 시(Lisa See)의 저서 『해녀들의 섬(The Island of Sea Women)』(2019)은 제주에서 1938년부터 2008년까지 70년간 살았던 어느 해녀의 삶을 그린 소설이다. 일제강점기와 해방, 4·3사건과 한국전쟁, 분단과 군부독재 등 제주도의 근현대 격변사를 그린 수작이다. 소설에는 여성이 생계를 이끌었던 것이 보편적 형태였던 제주의 모계 사회에서 딸이자, 아내이며, 어머니로서 살아갔던 수많은 해녀의 삶이 진솔하게 담겨 있다. 작가는 미국에서 대부분의 생을 보냈으나 2016년 우연히 제주도를 방문했다가 방대한 역사 자료를 수집하고 수많은 인터뷰를 진행했다.* 이러한 결과를 모아 핍진(逼眞)한 작품을 창작해 낼 수 있었다. 아래 문장은 그녀의 소설 속에 실린, 해녀의 삶을 통찰할 수 있는 핵심 문장이다.

> "바다에 들어가는 모든 여자는
> 등에 관을 짊어지고 가는 겁니다…

* 작가 리사 시(Lisa See, 1955~)의 고조부가 중국인이었던 내력은 작품의 생동감을 살리는 데 일련의 영향을 미쳤을 것이라 본다.

우리는 매일 삶과 죽음 사이를 건너고 있습니다."

해녀(海女)는 기계적 산소 공급 장치 없이 맨몸으로 바닷속에 들어가 해삼, 전복, 소라, 성게, 미역 등의 해산물을 채취하는 작업을 생업으로 삼는 여성을 말한다. 어쩌면 바다에서 먹을 것을 구하기 시작한 원시시대부터 자연 발생한 직업이라고 볼 수 있다. 김부식이 쓴 『삼국사기』에는 고려 숙종 때인 1105년 "해녀들의 나체 조업을 금한다"라는 기록이 있으며, 조선 인조 때는 제주 목사(牧使)가 엄명으로 내린 "남녀가 어울려 바다에서 조업하는 것을 금한다"라는 내용이 있다. 이 밖에도 김정(金淨)의 『제주풍토록(濟州風土錄)』(1519), 김상헌(金尙憲)의 『남사록(南槎錄)』(1601), 위백규(魏伯珪)의 『존재전서(存齋全書)』(1875)에도 해녀에 관한 기록이 일부 남아 있다.

특히 『남사록』에는 전복을 따던 남성을 뜻하는 포작인(鮑作人)이 등장한다. 관리들의 극심한 착취로 포작인들이 도망을 가면서 전복 수확량이 줄어들자, 해녀에게 많은 양의 전복을 왕실에 올리도록 했다는 내용이 나온다. 전복 수량을 일정량 이상 채우지 못하면 해녀의 부모를 잡아 가두거나 남편에게 태형을 가하면서 사회적인 문제가 되었다. 이러한 고통을 전해들은 정조는 전복을 조정에 바치는 이를 오히려 벌하겠다고 명하기도 했다. 해녀들의 고된 삶을 짐작게 하는 일화다.

일반적으로 어머니가 해녀면 딸도 해녀다. 시어머니가 해녀면 며느리가 해녀의 길을 걷기도 한다. 제주도 여성은 7~8세에 물속에서 팔다리를 이용해 떴다 잠겼다 하는 무자맥질을 배운다. 12~13세에 헤엄 연습을 하고, 15~16세에는 물질을 시작해 그 이후부터 본격적인 해녀활동을 한다. 40대에 해녀로서 전성기를 누리며 신체적으로 특별한 문제가 없다면 70대까지 활동을 한다. 물질 도구로는 해녀가 자맥질할 때 가슴을 받쳐줘 몸을 뜨게 하는 '태왁', 채취한 것을 담는 자루 모양의 '망사리', 전복을 따는 도구인 '빗창', 작살과 같은 형태인 '소살' 등이 있다.

해녀의 놀라운 능력은 수치로 확인할 수 있다. 기본은 잠수 깊이다. 물질 능력에 따라 하군, 중군, 상군으로 나뉘는데, 3~5m의 비교적 얕은 물에서 작업하는 하군에 비해 중군은 5~10m, 상군은 최대 20m까지도 잠수가 가능하다. 하군에서 중군으로 올라가기 위해서는 개인의 노력 여부에 따라 가능할 수 있으나, 상군으로 올라가기 위해서는 타고난 폐활량과 선천적인 능력이 필요하다.

잠수 시간 또한 놀랍다. 어릴 적, 강이나 목욕탕의 물속에서 숨 참는 연습을 해본 적이 있을 것이다. 인간은 수중 호흡이 불가능하기에 폐활량이 좋은 사람도 물속에서 채 1분을 넘기기 어렵다. 그에 반해 해녀는 바닷속에서 평균 2분대를 유지한다. 다만 이는 최대 잠수 시간일 뿐, 하루 평균 서너 시간 동안 물질하는 해녀들은 긴 작업을 유지하기 위해 평균 잠수 시간을 1분 내로 조절한다. 여담으로 10여 년 전 베이징 올림픽의 수영 영웅

잠수 중인 해녀
ⓒ 박수현

박태환 선수와 제주 해녀 할머니의 잠수 대결이 화제가 되었는데, 박태환 선수가 3분이 넘는 폐활량을 가졌음에도 대결에서는 패했다고 한다.

휴식 시간은 수심 5m 잠수 시에 약 30~40초, 10m 잠수 시에는 40~60초다. 해녀들은 물 위로 떠 오를 때마다 '호오이' 하며 참았던 숨을 수면 위로 터뜨린다. 휘파람 소리 같기도 한 이 소리를 '숨비소리'라 하는데 지속해서 물질을 이어가기 위해 해녀들이 터득한 호흡법이다. 물 안팎을 드나드는 횟수는 5m 잠수 시에는 1시간에 46회, 10m 잠수 시에는 1시간에 28회 정도다.

해녀들이 1년 내내 물질만 하는 것은 아니다. 상황에 따라 다르지만 연간 90일 정도 물질을 한다. 해녀들은 물질과 더불어 집안일과 농사를 병행한다. 제주도 속담에 "여자로 태어나느니 차라리 소로 태어나는 것이 낫다"라는 말이 있을 정도로 1년 내내 바쁘고 고된 일상을 보낸다. 일반적으로 해녀에게 가장 바쁜 시기는 가장 큰 수입원이 되는 우뭇가사리(천초) 등을 채취하는 봄이다. "저승에서 벌어 이승에서 쓴다"는 제주 해녀들의 속담은 죽음을 불사한 힘든 물질이라도, 할 수만 있다면 이승에서 먹고 즐길 만큼 돈을 벌 수 있다는 의미를 내포한다.

해녀들은 물질에 앞서 바다의 여신인 용왕할머니에게 안전을 기원하는 잠수굿을 한다. 또한 제주 해녀는 바다의 평온과 풍요로운 어획을 위해, 음력 2월에 해상 안전과 풍요의 신으로 일컬어지는 '영등신(靈登神)'에게 굿을 지내기도 한다. 지속가능하고

제주 영등굿
© 제주특별자치도

친생태적인 채취 활동과 공동체 문화를 지향하는 반면, 욕망은 금물로 여긴다. 자원 보존을 위해 해산물에 따라 채취를 금지하는 기간도 정해져 있다. 제주도 이외 다른 지역에서는 계절적 이주 노동을 하며, 어촌계, 해녀회, 해녀학교 등을 통해 세대 간 해녀 기술을 전승하고 있다.

제주해녀, 그 위대함에 대하여

2022년 4월부터 6월까지 방영된 「우리들의 블루스」라는 드라마는 제주도를 배경으로 한다. 제주도 방언을 쓰는 토착민들의 삶을 진솔하게 담고 있는데, 그 중심에 제주해녀 사회가 존재한다. 우리나라 해녀의 대부분은 제주도에 상주한다. 작은 태왁 하나에 의지해 거친 바닷속으로 거침없이 뛰어드는 해녀의 이미지는 제주도민의 상징과도 같다. 제주도는 유네스코 자연과학 분야에서 생물권보전지역(2002)을 비롯해 세계자연유산(2007), 세계지질공원(2009) 분야에 모두 선정됐다. 이러한 사례는 세계적으로도 유래를 찾기 어렵다. 2009년에 제정된 「제주특별자치도 해녀문화 보존 및 전승에 관한 조례」에 따르면, '해녀문화는 제주해녀들이 물질과 함께하는 생활에서 생겨난 유·무형의 문화유산'으로 언급된다. 2016년 11월에는 '제주해녀 문화'가 우리나라에서 19번째로 유네스코의 인류무형문화유산으로 등재되었다.

인류무형문화유산에 등재된 제주해녀 문화에는 산소공급 장치 없이 바다에서 해산물을 채취하는 물질문화, 공동체의 연대를 강화하며 해녀들의 안전과 풍성한 고기잡이를 기원하는 잠수굿, 모녀와 세대 간에 전승되는 여성의 역할, 물질을 나가는 배위에서 부르는 「해녀 노래」 등이 포함되어 있다. 산소공급 장치 없이 오직 잠수를 통해 채취하는 특별한 작업 방식으로 인해 '해녀'는 2017년 5월에 국가무형문화재 제132호로 등록된 바 있다. 「해녀 노래」는 1971년 8월 26일에 제주도 무형문화재 1호로 지정되었는데, 현재까지 전해지는 노래는 해녀들이 타지역에 물질을 간 이야기가 많다.

요벤드 레 에헤 끊어진들 에헤 신서란이 에헤
씨말랐더냐 에헤

유리잔을 에헤 눈에다 붙이고 에헤 두렁박을 에헤
가슴에 안고 에헤 우리 배는 에헤 잘도 간다 에헤
참매끼 에헤 가슴에 안고 에헤

(후렴)이어도 사나 에헤 이어도 사나 에헤 어잇잇 에헤
이엇 사나 에헤 총각차라 에헤 물에 들 에헤 양식 싸라 에헤 물
에 들자 에헤 요벨 타고 에헤 어딜 갈꼬 에헤 진도 바다
에헤 골로 간다 에헤

바람일랑 에헤 밥으로 먹고 에헤 구름으로 똥을 싸 물결일랑 집
안을 삼아 집안을 삼아 섧은 어머니 떼어두고 섧은 어미
떼어두고 에헤 이어도 사나 에헤 부모 동생 에헤 한강 바다 에
헤 집을 삼아 집안 삼아 한강 바다 집안 삼아 에헤

제주해녀 문화가 높은 평가를 받는 것은 지역의 독특한 정체성을 반영하기 때문이다. 또한 자연친화적인 방법으로, 지속가능한 환경조성을 위해 공동체를 통해 지식과 기술이 전승되고 있다는 점도 커다란 의의가 있다.

사라져가는 제주해녀의 역사

역사적 의미를 지닌 제주해녀도 시대적 흐름에 따라 그 수가 계속 감소하고 있다. 통계청에 따르면 제주해녀의 수는 1932년 8,662명이었고, 그 수가 매년 증가해 1965년에는 23,081명에 달했다고 한다. 그러나 이후부터 매년 급격히 감소해 2020년에는 3,613명으로 집계된다. 이러한 원인 중 하나는 제주해녀의 타지역으로의 이동이다.

타지역으로 물질을 가는, 소위 '바깥물질'이라 일컬어지는 것은 해녀들의 오랜 조업 방식 중 하나였다. 이들을 일컬어 '출가해녀'라고 하였는데, 19세기 말부터는 국내는 물론 일본, 중국, 러시아 등으로까지 이동한다. 출가해녀는 1915년 2,500명에서 1929년 4,310명으로 늘어났다. 일제 식민지 정책이 한층 강화되던 1930년대에는 바깥물질도 정점에 이르러 1932년에는 5,078명까지 증가했다. 일제의 수탈과 고된 노역 탓이기도 했다.

제주해녀는 제주도를 떠나 타지에 정착하기도 하는데, 부산에도 다수 거주하고 있다. 부산은 제주도 다음으로 해녀가 많은 곳이다. 부산의 해녀는 2021년 기준으로 31개 어촌계에서 약 700명이 조업 중이다. 주로 영도구 동삼동, 남구 용호동,수영구 민락동, 해운대구 미포, 기장군 일광 등에서 이뤄지고 있다. 특히 영도 해녀의 약 80%는 제주 출신이라고 한다.

해녀의 이주와 정착이 해녀 인구 감소에 영향을 주는 이유는, 해당 지역들에는 제주도에서만큼 지속적으로 활동할 수 있도록 돕거나 다음 세대에서 기술을 전수할 수 있도록 해주는 인프라와 지원 체계가 제대로 갖춰져 있지 않기 때문이다. 제주를 제외한 대다수 지역은 해녀에 대한 의료복지 및 복식 등에 대한 지원이 열악해, 해녀는 직업적 한계를 노출하고 있다. 해녀에 대한 처우가 여전히 낮기 때문인지 해녀 스스로도 "내 자식만큼은 해녀를 시키지 않겠다."는 다짐이 굳어져 있다. 그렇게 해녀들의 한 세대가 속속 마감되고 있다.

무엇보다 주요한 해녀 인구 감소의 원인은 청·장년층의 기피 현상 때문일 것이다. 예전에는 물질을 하나의 가업이자 전통으로 여겨 계승하기도 했지만, 현대인은 전통보다 실리를 우선으로 한다. 지구온난화로 인한 어족 자원 고갈과 어려운 작업 환경도 한몫한다. 2015년 기준 해녀의 80% 이상이 60세 이상의 고령이다. 제주에 10명 전후의 해남(海男)이 조업 중이긴 하나, 후속세대가 계속 이어지지 않는 한 해녀의 역사는 언젠가 끝을 마주하게 될 것이다.

이토록 소멸해가기만 하는 열악한 해녀의 삶을 끊임없이 재조명해 현재적 삶으로 소환하는 작업은 매우 소중하다. 최근 제주 출가해녀로 일찍부터 기장 일광에 정착해 살아온 아흔 여섯 살의 해녀 김복례 할머니의 삶을 동화로 재창조한 작품이 화제다. 김여나 동화작가와 장준영 화백이 공동 창작한 『나는 해녀입니다』(2022)는 신산한 해녀의 삶을 동화로 환기시킨 소중한 작품이다.

해녀는 인류가 창조한 독특한 어렵 방식을 전승해 내려왔다. 이제는 세계적으로도 유일한 해양산업이자 문화자원이다. 날로 줄어드는 해녀의 복원과 전승에 대한 더 깊은 연구와 지원이 절실한 이유이다. 해녀야말로 세계 어디에 내어놓아도 손색이 없는 우리나라만의 독특한 해양문화 자원임을 잊어서는 안 된다.

『나는 해녀입니다』 표지
ⓒ 키큰도토리

해양예술

해양예술이란 해양 그 자체 또는 해양과 관련한 인간의 삶의 방식을 드러낸 작품을 의미한다. 해양이 있는 곳이라면 언제, 어디서든 해양예술이 출현할 수 있다. 해양예술은 해양에 대한 이해와 감정, 해양생활 속에서 느낀 심미적 체험의 결정체다. 해양문학, 미술, 음악, 영화 등의 장르를 들 수 있다.

문학

해양문학의 탄생

역사적으로 해양문학은 해양활동과 결을 같이 한다. 특히 지중해 연안을 삶의 터전으로 삼았던 서구 고대 민족의 경우 강력한 해양적 특성을 갖고 있는데, 이들의 흥망성쇠 또한 해양과 밀접한 관련이 있다. 이러한 역사는 해양문학에 고스란히 반영되어 있다. 그런 점에서 서양의 해양문학은 동양에 비해 상대적으로 풍부하고 다양한 편이다. 해양은 해양민족의 정신적 품격을 형성했고, 해양 정신은 서양의 역사와 문화 속에 깊이 뿌리내렸다.

서양의 해양문학은 문학의 탄생과 궤를 같이할 정도로 오랜 역사를 자랑한다. 서양문학사에서 해양문학의 유산을 담지한 시인과 소설가를 많이 만날 수 있다. 러시아 시인 푸시킨

(Aleksandr Pushkin)은 그의 대표작 「바다로(To The Sea)」를 통해 바다 그 자체를 소재이자 주제로 다루었다. 그의 시는 해안, 안개, 파도소리, 슬픈 소음, 어부, 열정, 용감한 활공, 나쁜 날씨, 바위, 익숙한 아름다움, 자유 등을 들어 인간의 운명을 노래한다. 진정한 자유를 찾아 먼바다로의 떠남을 준비하는 시인의 열망이 녹아 있다.

영국의 낭만주의 시인 바이런(George Gordon Byron)의 「해적(The Corsair)」과 러시아 작가 막심 고리키(Maxim Gorky)의 「바다제비의 노래(The Song of the Storm Petrel)」는 소재나 주제를 넘어 바다를 삶의 현장과 결합하고자 시도한다.

바이런의 비극적 시 「해적」은 발레로 더 유명하다. 시의 극적 요소로 인해 러시아 황실 발레단을 위한 발레로 각색되어 지금까지 수많은 발레단이 즐겨 공연하는 작품이다. 발레가 시에서 아이디어를 얻긴 했지만, 시적 내용과 완전히 일치하지는 않는다. 19세기 초 영국 시단에서 젊음과 반항의 최고 상징이었던 바이런은 「해적」에서 넘실대는 파도와 거친 생명력을 빗대어 "짙은 푸른 바다의 기쁜 바닷물에, 우리의 생각은 무한하고 영혼은 자유롭다."라고 표현했다. 영국을 떠날 결심을 하고 있던 바이런의 심상을 그대로 드러내 준다. 고리키의 「바다제비의 노래」에서도 바다를 통한 삶의 통찰이 보인다.

(중략) 천둥이 내리친다.

바닷물이 격하게 바람을 때린다.

성난 바람은 강철 같은 억센 포옹으로 바닷물을 끌어안고 그 에메랄드빛 덩어리를 바위절벽에 내던져 산산조각을 낸다. 검게 번쩍이는 번갯불같이 바다제비는 선회하다 울음 울다 쏜살같이 먹구름을 뚫고 민첩하게 바닷물을 가르며 날아간다.

(후략)

이 작품은 바다를 배경으로 천덕꾸리기처럼 살아가던 바다제비가 바다를 가르며 쏜살같이 날아올라 시대의 영웅으로 부활하는 형상을 그리고 있다. 고리키의 손에 의해 바닷사람의 강인하고 끈질긴 삶의 모습이 재탄생했다.

바다가 소재 또는 배경으로 등장하는 것은 물론 바닷사람의 본질적 삶이라는 두 가지 특징 모두를 겸한 작품으로는 미국 작가 헤밍웨이(Ernest Miller Hemingway)의 『노인과 바다(The Old Man and the Sea)』를 들 수 있다. 고리키와 헤밍웨이의 작품 모두 바다를 문학의 소재로 했을 뿐 아니라 해양 정신을 심층구조로 표현하고자 했다.

고대로 거슬러 올라가 바다를 이야기한 대표적인 작품을 찾는다면 호메로스(Homer)의 대서사시 『오디세이아(ODYSSEIA)』가 단연 손꼽힌다. 트로이 성을 함락시키는 공을 세웠지만, 신이 결정한 운명으로 인해 10년 동안 바다를 방랑하며 고난을 겪는 오디세우스의 모험담이다. 항상 위험이 도사리며 거대하고 변화무쌍한 바다는 작품 속에서 사람의 마음을 현혹하고, 사람을 돼지로 둔갑시키며, 사람을 잡아먹는 요괴로 묘사된다. 그중 유명한 부분은 매혹적인 노랫소리로 항해하는 선원들을 유혹해 죽이는 여신 사이렌(Siren)에 관한 이야기다. 여신 키르케는 오디세우스에게 다음과 같이 경고하는데, 은유적으로 표현되어 있지만 실제 망망대해를 항해하는 누구에게나 통할 법한 조언이다.

> "먼저 사이렌을 찾아가시오. 그들은 누가 오든지 유혹할 것이오. 사이렌족들은 풀밭에 앉아 그 고운 목소리로 사람을 홀리는데, 그곳에 온통 사람들의 뼈가 산더미처럼 쌓여 있소. 그러니 배를 몰아 이곳을 바로 통과하시오. 만일 당신이 그 소리를 들어 볼 생각이 있다면, 부하들을 시켜 사지를 배 돛대에 똑바로 묶어 놓게 하시오. 그러나 혹시 당신이 부하들에게 풀어달라고 할지도 모르겠지만, 그럴수록 더욱더 매듭을 세게 묶어 잡아매도록 하시오."

오디세우스는 뛰어난 지혜로 마침내 고향으로 돌아온다. 이러한 결말은 바다에 대한 공포를 극복할 수 있다는 인류의 자신감과 의지를 담고 있다고 볼 수 있다. 이 작품이 완성된 시기가 당시 최강의 해양 국가였던 고대 그리스 전성기와 일치한다는 점은 이러한 해석의 타당성을 뒷받침해 준다. 고대 그리스·로마 문학에 유독 해양문학의 기본적인 특징인 모험성, 유동성, 개방

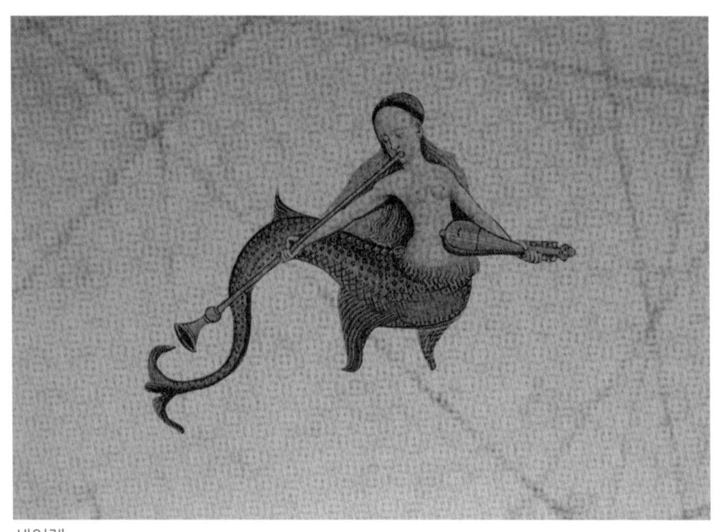

세이렌
ⓒ 라 스트라다 정

성 등이 잘 반영되어 있는데, 그중에서도 『오디세이아』는 이러한 정서가 더욱 두드러진다. 매력적인 요소가 가득한 『오디세이아』는 이후 유럽인들의 문학과 사유체계에 지속적인 영향을 끼쳤으며, 현대의 문학과 문화의 소재로도 끊임없이 등장한다.

해양, 배경에서 '주인공'으로

중세를 거쳐 근대에 이르러 서양 문명의 중심이 다시 해양으로 돌아온다. 문예부흥은 고대 그리스·로마의 해양문화와 해양 정신의 부흥과도 같았다. 15세기 대항해시대를 통한 대발견은 새로운 시대정신을 요구했다. 해양을 지배하는 자가 전 세계를 손에 쥘 수 있었다. 서양의 근현대 문명은 '해양으로의 회귀'라는 전제가 없었다면 전개조차 되지 않았을 것이다.

19세기 이전의 해양문학에서 해양이 단지 인물의 배경 혹은 작가가 상상을 통해 창조한 상대적 공간으로서 존재했다면, 19세기 이후로는 해양 자체가 작품의 주인공이 된다. 이전의 해양문학에서 해양이 하나의 절대적인 힘으로서 기능했다면, 19세기 후기부터는 인류와 해양이 강력한 정신적 공명을 갖게 된다. 이러한 양상은 탐험, 보물찾기, 사람 찾기, 표류 등으로 나타난다.

18세기 아일랜드 작가 조너선 스위프트(Jonathan Swift)의 『걸리버 여행기(Gulliver's Travels)』(1726)는 이 시기를 말할 때 빠질 수 없는 대표적인 작품이다. 의사 걸리버의 표류기로 라퓨타, 발니바르비, 럭넥, 지팡구(일본) 이렇게 총 4부로 이루어져 있다. 소인국, 대인국 등 기괴하지만 왠지 바다 너머 어딘가 있을법한 공간들이 호기심을 자극한다. 특히 신비한 존재에 대한 묘사가 돋보이는데, 이러한 요소들은 당시 영국의 현실을 풍자한 것이라고 한다.

18세기 영국의 소설가 대니얼 디포(Daniel Defoe)의 『로빈슨 크루소(Robinson Crusoe)』(1719) 또한 대표적인 해양문학 작품이다. 스코틀랜드의 선원 알렉산더 셀커크가 체험했던 총 5년간의 무인도 표류기에서 영감을 얻어 집필했다고 한다. 작품에서

로빈슨은 배가 난파된 뒤 홀로 무인도에 표류하지만 여러 난관을 담대하게 해결한다. 그의 굳은 의지와 해양 지식은 외딴섬에서 23년 동안 버틸 수 있는 원동력이었다. 이 소설은 인류가 어떻게 바다를 맞이하고 살아가야 하는지 섬세하고 정확하게 보여준다. 『로빈슨 크루소』의 소재와 설정, 뛰어난 스토리텔링에 영감을 받아 쥘 베른의 소설 『15소년 표류기』*(1860)와 프랑스의 작가 미셸 투르니에(Michel Tournier)의 『방드르디, 태평양의 끝(Vendredi ou les Limbes du Pacifique)』(1967) 등의 소설은 물론 로버트 저메키스 감독의 「캐스트 어웨이(Cast Away)」(2000)와 이해준 감독의 「김씨 표류기」(2009) 등이 탄생할 수 있었다.

프랑스의 소설가 쥘 베른(Jules Verne)의 『해저 2만리(Vingt mille lieues sous les mers)』(1870)는 19세기를 대표하는 작품이다. 소설에서 탁월한 해양 지식의 소유자로 등장하는 네모(Nemo)** 선장은 '전체 인류와 관계를 끊었다'고 자칭하는 신비한 인물이다. 네모 선장 일원은 해저의 기이한 자연경관을 탐사하는가 하면, 거대한 고래와 문어가 싸우는 모습을 목도하거나 처참한 해전에 가담하기도 한다. 이 소설이 갖는 문학사적 의의는 해양과학 판타지 소설의 시초로 볼 수 있다는 점이

---

* 쥘 베른의 1888년 모험 소설로, 원제는 『2년간의 여름방학(Two Years Vacation)』이다.

** 네모는 선장의 가명으로 라틴어의 '누구도 아니다(No one)' 또는 '아무 것도 아니다(Nothing)'를 의미하는 단어다.

다. 또한 해양에 대한 호기심을 유발하면서 해양과학기술에 대한 영감을 자극한다. 실제 해양과학자 중 상당수가 이 작품에 감동받아 해양과학 연구에 종사하게 되었다는 고백을 심심찮게 들을 수 있다.

19세기 미국의 소설가 허먼 멜빌(Herman Melville)의 『모비 딕(Moby Dick, the White Whale)』(1851)은 불멸의 명작이다. 포경선 피쿼드호의 선장 에이허브는 이미 40년이나 포경선을 탄 인물이다. 그는 거대한 흰색 향유고래에게 다리 하나를 물려 불구가 되었는데, 에이허브는 온 세상을 다 뒤져서라도 그 고래를 찾아 복수하겠다고 맹세한다. 그리고 드디어 그 고래를 찾았고, 3박 4일 동안 피비린내 나는 싸움을 펼친다. 모비 딕은 자연과 인간의 처절한 투쟁 그 자체다.

20세기를 대표하는 작가는 어니스트 헤밍웨이다. 그의 대표작 『노인과 바다』(1952)는 그에게 노벨문학상을 안겨주었다. 줄거리는 이렇다. 쿠바의 늙은 어부 산티아고는 84일 동안 고기 한 마리 잡지 못했는데, 어느 날 해안으로부터 아주 멀리 떨어진 곳에서 거대한 청새치 한 마리가 낚싯바늘을 문다. 그는 사흘 동안의 처절한 줄다리기 끝에 마침내 그 청새치를 잡지만, 돌아오는 길에 피 냄새를 맡고 몰려온 상어들에게 청새치를 빼앗길 위기에 처한다. 산티아고는 상어들에 맞서 작살과 칼, 노를 가지고 필사적인 사투를 펼치지만 다 뜯어 먹히고 만다. 그의 배는 이른 아침 작은 항구로 귀항했고, 지친 노인은 집에 돌아와 깊은 잠에

1. 『노인과 바다』 초판본(1952)

2. 어네스트 헤밍웨이

곪아떨어진다.

헤밍웨이는 '고집불통 사나이'인 노인 산티아고를 통해 새로운 '불패의 영웅' 이미지를 창조한다. 산티아고는 인류 전체를 대표하는 인물이다. 그의 치열한 싸움은 피할 수 없는 인류의 투쟁을 상징하는데, 이것은 헤밍웨이가 자신의 수많은 작품에서 반복적으로 이야기해온 주제다. 그중에서도 『노인과 바다』는 '사람은 실패에 맞서 용감해야 한다'는 주제가 더욱 강조된 작품이다. 소설은 노인의 강인한 의지와 실패 앞에서도 존엄을 유지하려는 한 인간의 캐릭터를 집중적으로 표현한다. 이는 역설적으로 산티아고와 바다가 서로 친밀한 관계였음을 암시하는 대목으로 여겨지기도 한다.

18세기부터 20세기까지 서양 해양문학의 주제는 '찬양하는 바다'에서'사랑하는 바다'로. 다시 '투쟁하는 바다'를 거쳐 '즐기는 바다'로 변모한다. 다시 말해 바다를 대하는 인간의 자세가 두려움에서 찬양으로 변해갔다가 흠모에서 투쟁으로 변했고 다시 즐거움과 친근함으로 바뀐 것이다. 즐길 수 있는 상태, 친밀한 상태는 충만한 힘에서 비롯되는 것이고, 그 원천은 인류 정신의 성장과 과학 기술의 진보로부터 나온다. 바다를 향한 인류의 끊임없는 도전과 발전이 있었기에, 오늘날 우리는 충만한 자유를 누리고 있다.

산해경, 중국 해양문학의 시작

동아시아의 해양문학은 서구에 비해 양적으로나 다양성 면에서 상대적으로 미비하다. 이는 오래전부터 해양보다 대륙에 더 많은 관심을 두어 왔기 때문인데, 실제 동아시아 고전문학의 대부분은 땅(육지)을 배경으로 한다. 해양은 주인공이 고난을 겪거나 극복하는 과정에서 잠시 언급되는 배경 정도로 등장한다.

그렇다고 동아시아에 뛰어난 해양문학 작품이 없는 것은 아니다. 중국의 해양 서사는 BC 221년 진(秦)나라가 중국을 통일

산해경 속 해신

하기 이전부터 시작됐다고 본다. 신화나 전설에 기반을 두었던 당시 대표적인 해양 서사 작품으로는 신화집 『산해경(山海經)』을 들 수 있다. 이 책에는 크게 다섯 종류의 해양 신화·전설이 등장한다.

첫 번째는 '천지사방'을 일컫는 사해(四海)의 해신에 관한 전설이다. 사해에는 각각의 해신이 있어 그 지역을 다스린다고 생각했다. 아래 내용은 산해경에 담긴 해신 중 하나의 모습이다.

> "동해의 한 모래섬에 신이 있는데, 사람의 얼굴에 새의 몸을 하고 있다. 누런 뱀 두 마리를 귀에 걸고 누런 뱀 두 마리를 밟고 서 있다. 이름을 우호(禺虢)라고 한다. 황제가 우호를 낳고 우호가 우경(禺京)을 낳았다. 우경은 북해에 살고 우호는 동해에 사는데, 이들은 해신이 되었다."

사람 얼굴에 새의 몸을 하고 있는 해신의 모습이 다소 볼품없게 느껴지는 것도 사실이다. 후대의 연구에 따르면 그러한 형상을 가지게 된 이유가 원시사회의 토템과 관련이 있다고 본다.

두 번째는 바다와 관련된 신화와 전설이다. 바다에 해가 떠오르는 '양곡(暘谷)'이라는 곳이 있는데, 『산해경』에서는 이렇게 묘사한다.

> "양곡에는 부상(扶桑)*이 있다. 이곳은 열 개의 해가 목욕하는 곳으로 흑치(黑齒)의 북쪽에 있다. 그 물 가운데에 큰 나무가 있는데 아홉 개의 해는 아래 가지에 있고 한 개의 해는 윗 가지에 있다."

기록에서 알 수 있듯이 당시의 글쓰기는 눈에 보이는 것을 그냥 써 내려간 것처럼 단순하다. 복잡한 스토리텔링, 풍부한 에피소드, 신비스러운 묘사 등은 훨씬 후대에 와서야 비로소 등장한다.

세 번째는 해외의 이민족에 관한 전설이다. 『산해경』에는 해외에 대한 판타지와 동경이 담겨 있다. 예컨대 "우민국(羽民國)은 그 동남쪽에 있는데, 그곳의 사람들은 머리가 길고 몸에 날개가 나 있다."라는 내용이 있다. 산해경 속에 나타난 이민족은 가슴

---

* 중국의 전설에 나오는 동쪽 바다의 해가 뜨는 곳.

에 구멍이 있거나, 혀가 뱀처럼 갈라져 있거나, 머리가 세 개인 것 등등 괴이한 모습으로 표현되어 있다. 오늘날 판타지 소설이나 웹툰에서 볼 수 있는 모습으로, 직접 눈으로 본 것이 아닌 상상으로 묘사했다고 보는 것이 적합할 것이다.

네 번째는 홍수신화다. 세계 각국의 홍수신화는 바다와 관련이 있다. 『산해경』에는 상상 속 큰 물고기인 곤(鯤)과 중국 전설 속 하(夏)왕조의 시조인 우(禹)임금의 치수(治水) 신화가 등장한다.

> "황제가 낙명(駱明)을 낳고, 낙명이 백마(白馬)를 낳았는데 백마가 곧 곤이다. (중략) 홍수가 하늘에까지 넘쳐흐르자 곤이 천제의 허락도 없이 천제의 식양(息壤)*을 훔쳐다 큰물을 막았다. 천제는 축융(祝融)에게 명하여 우산(羽山)의 들에서 곤을 살해했다. 곤의 배에서 우가 태어났다. 천제는 이에 우에게 명하여 땅을 갈라 구주(九州)를 확정하는 사업을 마무리 짓게 했다."

이 대목은 대양의 범람이나 홍수, 그리고 치수(治水)와 관련한 이야기로 해석할 수 있다. 이는 오늘날 중국의 연해 지역에서 여전히 우를 해신으로 여기며 제사를 지내는 풍속과도 연관된다. 『산해경』 외에도 다양한 역사서에는 이와 관련된 신화·전설이나 역사적 사실이 기록되어 있다.

---

* 여기에 신성한 나무가 있었다고 한다. 저절로 끊임없이 불어나는 땅.

다섯 번째는 인류와 해양의 상호작용에 관한 전설이다. 아래 내용은 해양 신앙과 관련해 읽을 수 있는 대목으로, 현실과 이상 간의 괴리에 따른 비극성과 한풀이의 비장함 등을 엿볼 수 있다.

> "염제(炎帝)*의 어린 딸인 여왜(女娃)가 동해에서 노닐다가 물에 빠져 죽은 후, 그 혼이 정위(精衛)**가 되어 늘 서쪽 산의 나무와 돌을 물어다가 동해를 메운다."

고대 중국인들의 사유 속에 내재된 바다에 대한 공포와 두려움이 그대로 표현된 기록이다.

풍성해진 원명청(元明淸)시대 해양문학

중국 해양문학은 원명청(元明淸)에 걸쳐 양적으로는 물론 형태면에서도 더욱 다양해진다. 대표적인 작품으로는 원(元)나라 시대의 전기(傳奇)*** 극작가 이호고(李好古)가 쓴 『사문도장생자해(沙門島張生煮海)』가 있다.

---

* 여름의 신(神)이자 불의 신(神).

** 모양이 까마귀같이 생긴 상상의 새.

*** 전기소설(傳奇小說)은 중국 육조(六朝)의 지괴 소설에서 발전해 주로 당송 시대에 쓰인 단편소설을 말한다.

줄거리는 이렇다. 청년 유생인 장생(張生)이 바닷가에 있는 석불사(石佛寺)에 머물며 학문에 정진할 때였다. 맑은 바람이 부는 밤에 거문고를 켰더니 동해 용왕의 셋째 딸인 경련(瓊蓮)이 거문고 소리에 이끌려 나온다. 둘은 첫눈에 반해 혼인 약조를 하게 되지만 문학에서 늘 그렇듯 순탄한 사랑이란 없는 법이다. 용왕이 두 사람의 사랑을 반대해 장생을 시험에 들게 한다. 장생은 어디선가 나타난 귀인 모녀의 도움으로 난관을 헤쳐나간다. 그 모습에 감복한 용왕은 딸과의 혼인을 수락한다. 이후 장생과 경련은 천상으로 귀환해 함께 행복한 시간을 보낸다.

이 작품에서 흥미로운 점은 장생이 난관을 해결하는 과정에서 발휘한 상상을 뛰어넘는 기지(奇智)다. 또한 불가능을 가능케 하는 기적을 선보인다는 점에서 쾌감을 불러일으킨다. 이러한 요소는 이 작품만이 가진 매력이며 문학적 가치다. 나아가 이상을 성취하는 무대로 바다를 활용한 점은 문학의 세계를 진일보시킨 것으로 평가할 수 있다.

송나라 초기 기록이 담긴 『송사·형법지(宋史·形法志)』에는 “죽을죄를 저질렀거나 금품을 약탈한 자들을 대부분 등주(登州)의 사문도(沙門島)나 통주(通州)에 있는 섬으로 귀양보냈다.”는 내용이 나온다. 사문도는 바닷속에 있는 신화국으로 신선이 산다는 봉래(蓬萊) 부근에 있다. 이러한 내용은 우리나라 독자들도 잘 알고 있는 중국 명대의 장편 무협소설인 『수호전(水滸傳)』에도 동일하게 등장한다.

동서양을 막론하고 고전 해양문학은 청춘남녀의 이루어질 수 없는 사랑, 갈구(渴求)와 귀인의 도움, 위기와 극복, 해피엔딩 등 매우 전형적인 패턴을 지닌다. 중국 해양문학은 이러한 기반 위에 용, 신선, 해저, 천상 등 신비로운 대상과 해양공간을 접목시켜 이야기로 펼쳐내는 것을 주요 특징으로 한다.

부침(浮沈)하는 일본의 해양문학

섬나라인 일본 민족이 해양 친화성이 강하다는 데에는 의심의 여지가 없다. 이는 일본 최고(最古)의 역사서인 『고사기(古事記)』에 “세상이 아직 바다로 되어, 육지와 바다가 구분할 수 없는 속에서 천지창조의 신이 등장한다.”는 서술뿐 아니라, 『만엽집(萬葉集)』의 시(詩)에 기재된 바다 묘사를 통해서도 확인할 수 있다. 헤이안(平安) 시대를 거쳐 중세의 무로마치(室町) 시대, 가마쿠라(鎌倉) 시대에도 해양을 노래했다. 하지만 그것도 잠시, 에도(江戶) 시대의 도쿠가와(德川) 막부가 실시한 쇄국정책은 친해성의 퇴조를 가져왔다. “거친 바다여, 사도(佐渡)에 가로누운 은하수.”라는 에도 시대 하이쿠(俳句)처럼 적극적인 바다 찬양의 노래는 사라지고, 바다는 그저 단순한 소재로 전락했다.*

---

* 윤일, 「일본문학의 해양성 연구 – 일본 해양문학 담론에 나타나는 '해양성'」, 『동북아문화연구제51집』, 2017. 참조.

일본문학 연구자인 윤일 교수에 따르면 일본의 본격적인 해양문학의 시기를 메이지 유신 직후로 본다. 청일전쟁(1894~1895년)과 러일전쟁(1904~1905년) 등 두 차례에 걸친 해전에서의 승리는 일본인에게 바다와 해전에 대한 인식을 고양시켰고, 이후로 제국주의 전쟁 미화와 정당성 확보를 위해 해양문학 창작이 유행했다. 북진(北進)에서의 승리 후 '남진론(南進論)'*을 반영한 대표적인 작품으로 스도 난스이(須藤南翠)의 『욱장기(旭章旗)』, 고미야마 텐코(小宮山天香)의 『렌도대왕(聯島大王)』, 야노 류케(矢野竜渓)의 『우키시로모노가타리(浮城物語)』, 스에히로 텐조(末広鉄腸)의 『남양의 파란(南洋の波瀾)』 등을 꼽는다. 이러한 작품들은 일본이 남태평양 해상에서의 활약으로 그곳에 새로운 영토를 개척해 일본인의 신천지를 만든다는 일관된 취지를 담고 있다.

급속한 근대화와 더불어 들어온 서양 해양문학이 영향을 미치기도 했다. 앞서 언급한 대니얼 디포의 『로빈슨 크루소』, 조너선 스위프트의 『걸리버 여행기』, 쥘 베른의 『해저 2만리』 등이 일본 독자들에게 큰 사랑을 받으면서 해양모험 소설 붐이 일었다. 이러한 소설에 영향을 받아 일본 해양소설이 창작되기 시작하면서 1902년부터 이러한 작품들이 해양문학이라는 새로운 장르로 구분되기 시작한다.

* 서양이 가지고 있었던 동남아시아 식민지와 중요 자원을 빼앗으려는 정책.

전통적으로 일본인의 바다에 대한 인식은 동경보다는 두려움이 강했다. 그런 연유로 해양문학 또한 그다지 발달하지 못했다. 일본 해양문학의 선구자라 불리는 고다 로항(幸田露伴)은 일본에서 해양문학이 발달하지 못한 이유로 “에도 시대의 쇄국정책에 의한 폐해, 배를 이용한 해외로의 도피 등을 금지하기 위한 대형 선박 건조 금지와 오래전부터 바다를 두려워하는 유전적 체질”을 언급한다. 근대에 와서야 비로소 바다가 극복의 대상이자 미학적 추구의 대상이 된다.

다이쇼(大正) 시대에 들어서며 해양문학은 새로운 양상을 띠기 시작했다. 특히 해양을 배경으로 사회적·정치적 이념을 표현하는 문학이 등장했는데, 대표적으로 요네구보 다치오(米窪太刀雄)의 소설 『마도로스의 비애(マドロスの悲哀)』와 코바야시 타키지(小林多喜二)가 1929년에 발표한 『게잡이 공선(蟹工船)』이 있다. 특히 코바야시 타키지의 작품은 캄차카해역에서 잡은 게를 선상에서 바로 삶아 통조림으로 만드는 일명 ‘공장배’에서 실제로 벌어지던 인권 유린과 노동 착취를 고발하고 있다. 해상노동자들이 겪고 있는 비참한 현실을 고발한 작품들은 실제로 해상노동자에 대한 처우개선 운동을 촉발시키기도 했다.

쇼와(昭和) 시대, 일본인의 해양의식이 담긴 다양한 작품이 등장하며 이제 해양문학은 일본 문학사의 본격적인 장르로 자리잡았다. 대표적인 작품으로 다다 겐이치(多田憲一)의 『해양문학의 노트(海洋文学のノート)』, 하야마 요시키(葉山嘉樹)의 『바다에 사는 사람들(海に生くる人々)』, 이부세 마스지(井伏鱒二)의 『죤만지로표류기(ジョン万次郎漂流記)』, 엔도 슈사쿠(遠藤周作)의 『바다와 독약(海と毒薬)』, 오카모토 요시후루(岡本好古)의 『일본해해전(日本海海戦)』 등이 있다.

메이지(明治) 시대에는 정치적·국가적 의식을 가진 작품이 주를 이루었다면, 다이쇼 시대와 쇼와 시대에는 해양의 미(美), 해양 생활, 해양인의 심리를 다룬 작품이 출현한다. 그러나 패전 이후 일본 해양문학에 대한 담론은 물론 대작의 출현도 끊겼는데, 연유는 패전으로 형성된 바다에 대한 공포심 때문으로 본다.

이런 점에서 "일본의 본격적인 해양문학 탄생은 일본 해양문학상을 제정한 1996년 이후부터라고 보는 게 타당하다."는 주장*이 설득력을 지닌다. '국민에게 바다에 대한 관심과 흥미를 높이기 위한 것'이라는 상의 제정 목적에서 드러나듯이, 해양의식 고취를 위해 국가가 정책적으로 만든 측면이 강하다 보니 문학성이나 진정한 해양성이 가려진 측면도 있다. 다만 이 문학상으로 말미암아 일본 사회의 해양 인식을 확인하고, 해양문학의 명맥이 유지될 수 있었음은 간과해서는 안 될 것이다.

---

* 박현옥, 「일본문학의 해양성 연구 – 해양문학상 대상 작품을 중심으로」, 『일어일문학회제75호』, 2017. 참조.

한국의 해양문학

한국의 해양문학 역시 스토리가 풍성하거나 오래된 역사를 가지고 있다고 보기 어렵다. 다만 동아시아의 해양문학에서 주로 보이는 신화적인 모습보다는 민중과 그들의 삶에 조금 더 초점을 맞추고 있다는 특징을 지닌다.

우선 1488년 최부(崔溥)의 수기(手記)인 『금남표해록(錦南漂海錄)』을 예로 들어 보자. 이 작품은 추쇄경차관(推刷敬差官)으로 제주도에 부임해 있던 최부가 부친상을 당해 급히 고향인 전라도 나주로 돌아오던 중 바다에서 풍랑을 만나 반년 동안 표류하면서 겪은 체험과 여정을 기술하고 있다. 최부는 표류 중 중국인 해적 떼를 만나 모든 물품을 빼앗기는가 하면, 노예 생활을 하기도 하고, 상륙 후에는 왜구로 오해받아 곤장을 맞는 등 온갖 고초를 겪는다. 이후 중국 영파(寧波)에 표착해 북경(北京), 요동(遼東), 의주(義州) 등 대륙을 종단해 돌아오며 겪은 일들이 담겨 있다. 자신이 겪은 고난에 대한 기록과 중국 문화를 소개하는 보고문 형태에 가까워 문학적 작품성을 가지고 있다고 보긴 어렵다.

이후 '표해록'은 마치 하나의 장르처럼 줄을 잇는데 1771년 장한철(張漢喆)의 『표해록』, 1802년 문순득(文淳得)의 『표해록』, 1817년 승려 풍계 헌정(楓溪賢正)의 『일본표해록』 등이 있다. 장한철은 일본을 표류하며 겪은 일들을 기록했다. 당시 일본의 상황에 대한 자세한 묘사뿐만 아니라 해로와 계절풍의 변화 등을 기록하고 있어 해양지리서로서의 가치가 높다고 볼 수 있다. 문순득의 『표해록』은 우이도(牛耳島, 지금의 소흑산도)에 유배 중이던 정약전(丁若銓)이 문순득의 표류이야기를 구술받아 기록한 『표해시말(漂海始末)』을 말한다. 1801년 12월 홍어잡이를 하러 우이도에서 떠났던 배가 류큐(琉球), 여송(呂宋, 지금의 필리핀) 등을 표류하다가 구조되어 광동(廣東)의 아오먼(奧門, 지금의 마카오), 베이징(北京), 의주, 한양을 거쳐 1805년 1월에 귀가하기까지의 여정을 기록하고 있다. 특히 각국의 언어나 풍속 등이 잘 담겨 있다는 점에서 당시 동아시아 해양 세계의 생활상을 엿볼 수 있게 해주는 귀중한 기록문학 자료이자 최고의 '표해록'으로 여겨진다.

윤선도의 『어부사시사(漁父四時詞)』(1651)는 매우 소중한 해양문학 작품이다. 윤선도가 보길도에서 지내면서 지은 연시조로, 고려 때부터 전해 내려온 「어부사」에 기반해 후렴구를 넣어 완성한 작품이다. 봄, 여름, 가을, 겨울 사계절로 나누고 계절마다 10개의 시로 구성했는데, 계절마다 펼쳐지는 아름다운 어촌의 모습을 노래했다고 볼 수 있다. 고전 시가(詩歌) 중 '어부가' 계열을 종종 접할 수 있는데, 이 작품은 다른 작품에 비해 시적 감각이 매우 뛰어나다고 평가된다.

최근 영화로 만들어져 더욱 유명해진 정약전의 『자산어보(玆山魚譜)』도 언급할 필요가 있다. 다산 정약용의 형인 정약전이 1814년 전라도 흑산도에 유배되었을 당시 집필한 저서로 우리나라 최초의 해양생물 백과사전이다. '자산'은 흑산도의 별칭으로, 정약전은 흑산도 근해에 서식하는 거의 모든 생물을 망라해 기록하였다. 책의 표제어에서 언급한 해양생물의 수만 해도 총 55류 226종이다. 해양생물의 크기, 형태, 외형적 특징, 생태, 맛, 어획시기를 비롯해 흑산도 거주민들의 경험담까지 서술하고 있어 생동감을 더한다.

이 밖에도 박인로(朴仁老)가 통주사(統舟師)라는 직책을 맡아 부산에 머물며 쓴 『선상탄(船上歎)』(1605), 임진왜란의 시작부터 순직하기 직전까지 일기 형식으로 기록한 이순신의 『난중일기(亂中日記)』(1592~1598)와 진해지역 해양생물을 설명한 백과사전인 김려(金鑢)의 『우해이어보(牛海異魚譜)』(1803) 등도 대표적인 해양기록물로 볼 수 있다.

진화하는 한국 해양문학

이전까지의 한국 해양문학은 '문학'이라는 장르와 형식을 갖추었다기보다는 '기록'에 더 가깝다. 풍부한 스토리텔링과 작품성을 갖춘 해양문학은 근대에 이르러서야 출현한다.

1876년 강화도 조약을 기점으로 서구문물을 받아들이면서 다양한 문학 형태가 생겨나기 시작한다. 대표적으로 1908년 발표된 최남선의 시 「해(海)에게서 소년에게」를 들 수 있다. 여기서

'바다'는 무한한 힘과 새로운 시대에 필요한 방향성을 상징한다. 작품은 다음 시대의 주인공이 될 소년들을 '바다'라 지칭하며 "어두운 현실을 벗어나 희망찬 미래로 나아가라."는 메시지를 전달한다. 이 작품은 해양문학으로서의 가치뿐만 아니라, 기존의 시에서 보이는 정형성에서 벗어나 최초로 자유로운 형식을 선보인 '신체시'라는 점에서 문학적 가치 또한 적지 않다.

> "처……ㄹ썩, 처……ㄹ썩, 척, 쏴……아.
> 저 세상 저 사람 모두 미우나,
> 그중에서 똑 하나 사랑하는 일이 있으니,
> 담 크고 순진한 소년배(少年輩)들이,
> 재롱처럼 귀엽게 나의 품에 와서 안김이로다.
> 오너라 소년배 입 맞춰 주마.
> 처……ㄹ썩, 처……ㄹ썩, 척, 튜르릉, 꽉.
> (「해(海)에게서 소년에게」 6연)

1914년 이상춘이 쓴 『서해풍파』는 신소설을 대표하는 작품이다. 1910년대에 나온 소설은 남녀 간의 관계를 그리는 작품이 대다수였다. 반면 이 작품은 한국문학에서 처음으로 뱃사람들의 생생한 삶을 그리고 있다. 원양, 조선술 등을 비롯해 남극대륙 발견이 담겨 있다는 점에서 최초의 남극탐험 소설로도 불린다. 특히 신분의 귀천을 떠나, 새로운 직업관과 과학정신을 강조했다는 점에서 시대를 앞서 내다본 작품으로 평가받는다. 일제강점기라는 암울한 상황 속에서도 먼바다로 나아가는 도전정신을 그렸다는 점에서 한국 해양문학사에 한 획을 그었다고 볼 수 있다.

작품 속에서 본격적으로 '해양'이 등장한 것은 1970년대 이후부터이다. 원양어업과 외국선사 송출선원이 폭증하던 시대의 반영이라 볼 수 있다. 이 시대의 대표적인 해양문학가로는 김성식 시인과 천금성 소설가를 들 수 있다. 두 사람 모두 작가이자 선장으로, 바다에 대한 생생한 경험 덕분인지 이들의 작품에서는 바다의 생동감이 느껴진다. 김성식의 시집 『청진항』, 『겨울·항해일지』, 천금성의 소설 『표류도』, 『지금은 항해중』, 『허무의 바다』 등을 읽으면 바다가 꿈틀대는 순간을 오감으로 느낄 수 있다.

바다는 동경의 대상이 아니라 처절한 현실이라는 신념을 가졌던 천금성은 바다에 대해 이렇게 말했다. "기쁨도 처절하고 모든 것이 처절한 바다는 인간 삶의 현장일 뿐이다." 10만t의 배를 두 동강 내는 태풍의 위력, 사람을 삼키는 상어 떼, 깊이를 모를 심연이나 해구를 가진 바다를 인간이 정복한다는 것은 어불성설이라고 단언하는 그는 "태풍을 정복하겠다는 사람이 있다면 웃음을 살 겁니다. 마찬가지로 바다를 정복하겠다는 사람도 어리석은 사람일 거예요. 바다는 인간 능력 밖에 있습니다. 바다와 싸워 이길 수 있다면 그건 신의 능력에 속하는 일."이라 잘라 말한다. 바다는 오로지 처절한 삶의 현장일 뿐 외경(畏敬) 외에 어찌할 도리가 없다고 믿는다.

1990년대 이후 폭넓은 시선을 가진 수많은 작가가 해양과 관련한 작품을 쏟아내기 시작했다. 김훈의 『칼의 노래』, 옥태권의 『항해를 꿈꾸다』, 김춘규의 『두 번째의 달』, 이충호의 『투명고래』, 이윤길의 『남극해』와 『더블루』, 이성배의 『이어도주막』, 김성환의 『내 언젠가 그리움의 닻을 내리고』, 유연희의 『날짜변경선』 등이 대표적이다.

한국의 해양문학이 여전히 양적으로나 질적으로 풍부하다 할 수 없지만 무서운 속도로 성장 중인 것은 사실이다. 2001년 젊은 작가들을 중심으로 한국해양문학가협회가 창단되었고, 언론사 및 문화단체에서 '한국해양문학상', '해양문학상' 등의 공모전을 실시하면서 한국 해양문학의 폭과 깊이가 날로 풍성해지고 있다.

미술

2013년, 영국의 『가디언』 뉴스에서 '세계 10대 바다 그림'을 선정 · 발표한 적이 있었다. 레오나르도 다빈치의 「해안가의 조감도」(1515), 비자 셀민스의 「오션」(2005), 카스파 다비드 프리드리히의 「바다의 스님」(1808~1810), 라울 뒤피의 「천사의 만, 니스」(1927), 호쿠사이의 「큰 파도」(1831), 윈스로 호머의 「웨스트

포인트 프라우트의 해협」(1900), 존 컨셋의 「일몰」(1872), 데이비드 콕스의 「릴 모래사장」(1854), 클라우드 모네의 「부서지는 파도」(1881), 윌리엄 터너의 「바다의 폭풍」(1820~1830) 등이 선정됐다. 시기나 사조, 장르는 다르지만 바다의 힘과 그에 대한 도전 그리고 인간 역량의 확대와 조화 등의 이미지가 드러나는 그림을 선정한 것으로 여겨진다.

세계 10대 바다 그림을 그린 주인공 중 한 명인 영국 낭만주의 화가 윌리엄 터너(William Turner)의 「트라팔가 전투」, 「노예선」, 「바다의 어부」 등에서 볼 수 있는 물과 하늘 그리고 찬란한 빛의 향연이 펼쳐진 대양의 황홀한 전경은 주목할 만하다. 또한, 가디언이 주목하지는 않았지만 일생을 바다 그림에 바친 크림

윌리엄 터너 「바다의 어부」(1796)
ⓒ 런던 테이트 갤러리

반도의 러시아 화가 이반 아이바조프스키(Ivan Aivazovsky)는 또 어떤가? 거품이 일렁이는 거대한 파도와 바다가 연출하는 은은하면서도 격정적인 빛 속에 삶이 녹아있다. 「난파선과 달빛에 비친 바다」, 「폭풍」, 「아홉 번째 파도」 등이 구현한 광대한 해양의 웅장함이 노을이나 달빛 속에 녹아 있다.

한국 화단에서도 드물긴 하지만 바다를 그린 이가 있다. 겸재(謙齋) 정선(鄭敾)의 「해금강」(18세기 추정)에서부터 전혁림의 「한려수도」(1983), 김환기의 「항아리와 여인들」(1951), 이중섭의 「서귀포의 환상」(1951) 등이다. 현재 활동하는 화가 중에도 바다를 캔버스에 담아내려는 노력을 보이고 있다. 단순히 바다 경관을 조망하는 풍경화를 넘어서, 바다와 인간의 역동적 조응관계를 보여주는 작품들이다. 자연공간을 뛰어넘는 인간 활동의 확장과 사유 역량을 드러낸다.

화가 강요배는 제주 사람의 강인한 삶과 역사를 거칠고 광활한 파도로 묘사한다. 바람 부는 제주의 어둡고 거칠고 캄캄한 바다 그 자체가 역사이고 절규이며 한(恨)이다. 결코 아름다울 수만은 없는, 당대인의 아픔을 딛고 시퍼렇게 일어서는 바다를 통해 역사의 절절한 아우성을 느끼게 한다. 청년 니체의 고뇌를 담고 있는 듯한 공성훈의 파도 또한 특별한 감동을 준다. 공성훈은 거대하게 일어서는 폭풍전야의 파도를 마주하고 서 있는 청년을 통해 예측불허의 대자연에 맞서 한 치 앞도 예측하지 못할 인간의 실존적 고뇌를 표현한다. 공성훈의 파도 시리즈에서 요절한

화가가 던진 니체적 고뇌와 질문을 확인해보자.

독특한 바다의 세계를 보여주는 김25(본명 김유미) 작가도 주목할 필요가 있다. 바다를 아는 사람은 365일 중 단 하루도 같은 물빛이 없음을 안다. 그녀의 작품은 일 년 사계절, 시시각각으로 변하는 물빛을 읽어 낼 줄 아는 사람만이 찾아낼 수 있는 빛깔을 담고 있다. 최근 몇 년 동안 계속해서 전시하고 있는 작가의 바다 시리즈는 뜯어보듯 자세히 읽어내야 알 수 있는 랭보의 시나 헤밍웨이의 소설이 문자로 새겨져 있다. 그녀가 그린 하얀 포말은 붓으로 색을 칠한 것이 아니라, 한 자 한 자 '글자'를 새겨 넣은 것이다. 기막힌 반전이다. 마치 찰나의 순간을 다룬 것 같지만, 그녀의 바다에는 심연에서 길어낸 무게와 깊이 그리고 억겁의 세월이 녹아있다. 파도는 바위에 부서지는 물보라가 아니라, 대양의 한 가운데 토막을 잘라낸 덩어리다. 인간이 바다라 이름 짓기 훨씬 이전부터 존재해 왔던 태고의 이야기는 파도가 되어 묵중(默重)하게 일렁인다. 마치 물짐승이 소리 없이 울부짖는 것 같다. 그녀의 파도는 푸르면서 뜨겁다. 시릴 만큼 절제된 이성이 세상을 품어 삼킬 듯이 뜨겁다. 빅뱅 직전의 원시적 에너지, 인류의 시원(始原)을 담은 격정, 이것이 그녀가 그리는 바다의 힘이다.

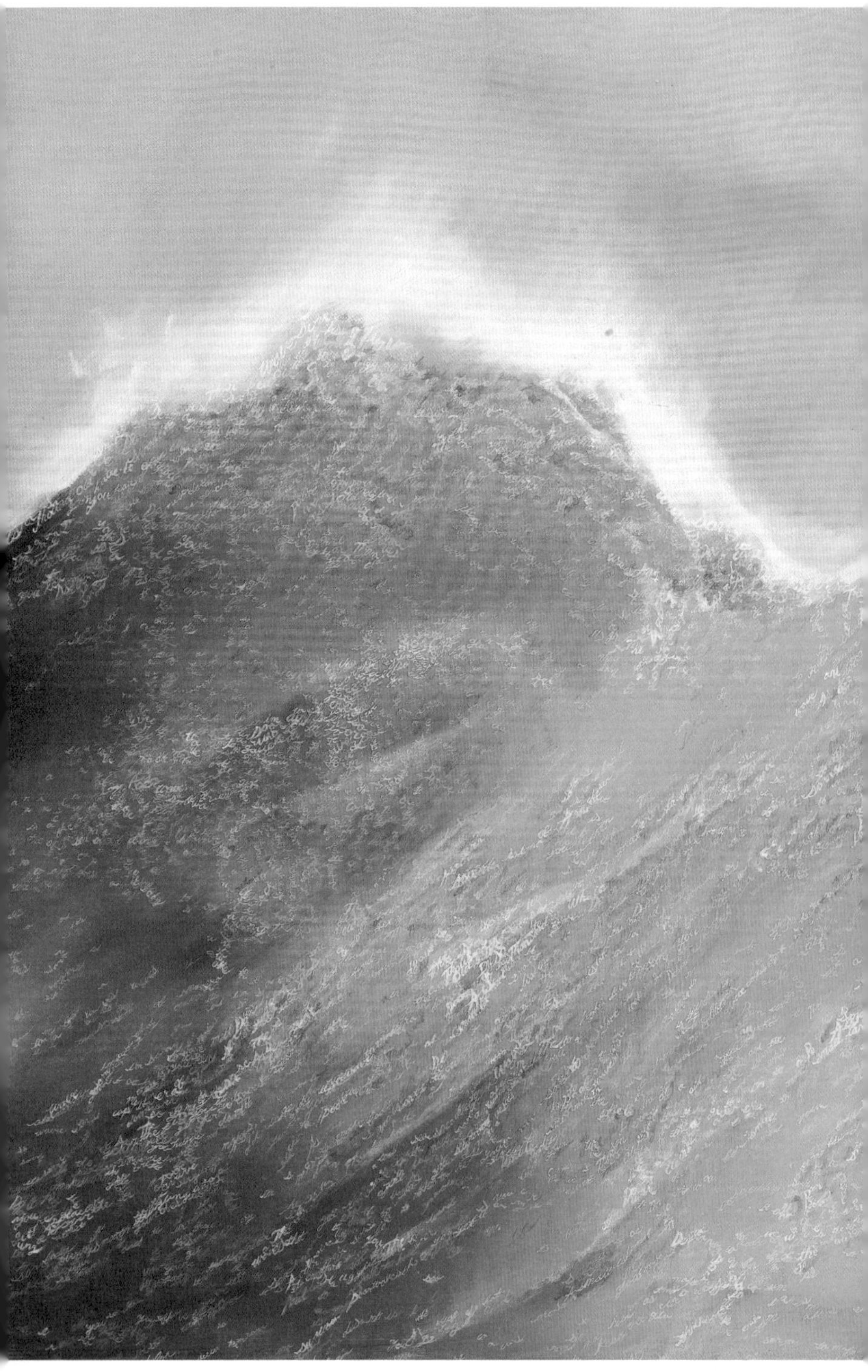

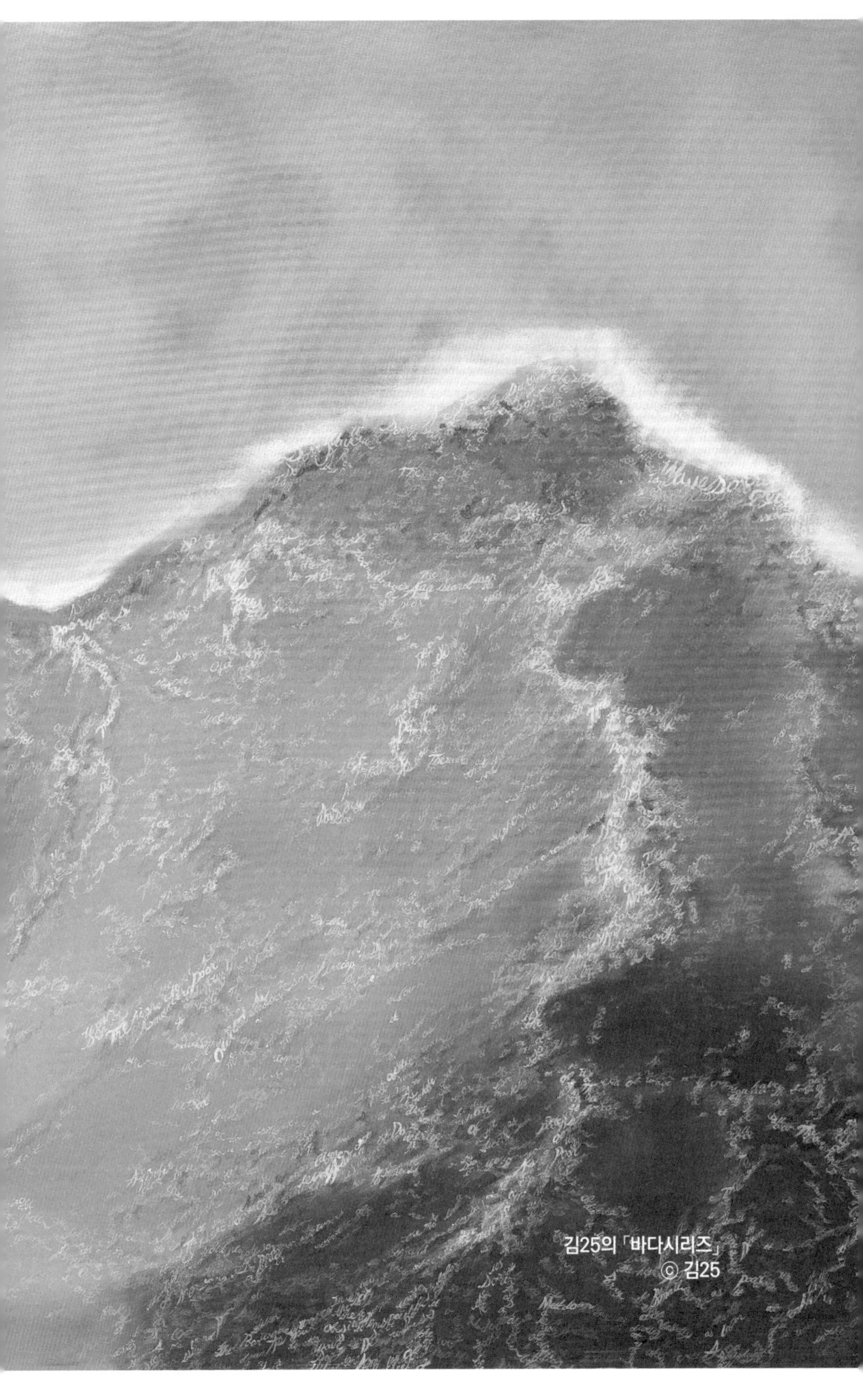

김25의 「바다시리즈」
© 김25

오페라와 교향곡

바다를 담은 음악은 귀를 씻어 준다.

리하르트 바그너(Wilhelm Richard Wagner)의 「방황하는 네덜란드인」은 3막의 오페라로 1841년에 완성해 1843년에 초연되었다. 항구에 정박하지 못하고 대양을 영원히 항해해야 하는 저주에 걸린 유령선의 전설에서 소재를 얻어 바그너가 직접 대본을 쓴 작품으로 「유령선」이라는 제목으로 더 잘 알려져 있다. 1막에서는 폭풍우 속에 표류하다 어느 항구에 닿기까지, 선장의 순탄치 않은 여정이 격정적인 음악 속에 펼쳐진다. 저주를 풀기 위해 필요한 것은 자신을 위해 죽을 수 있는 진실한 사랑이다. 그는 '젠타'라는 노르웨이 여인을 만나 사랑에 빠지지만, 그녀가 자신을 배신했다고 생각해 떠나려 한다. 그러자 젠타는 자신의 몸을 바다에 던짐으로써 사랑을 증명해 보이고, 마침내 선장과 젠타는 함께 구원을 얻게 된다.

「방황하는 네덜란드인」은 바그너의 특별한 경험이 바탕이 된 음악이다. 그는 지역 오페라단의 운영 미숙으로 진 빚을 갚지 못해 도망치듯 떠난 항해에서 폭풍우를 만났고, 천신만고 끝에 노르웨이의 '잔트비케'라는 어촌에 도착한다. 1막 도입부에 들리는 「선장의 아리아」는 바로 이 체험을 바탕으로 한다. 또한 3막 도입부의 「선원들의 합창」은 노르웨이 피오르드 해안에서 울려 퍼지는 노르웨이 선원들의 노래에서 영감을 얻어 작곡한 것이다. 바그너는 북유럽의 전설을 차용해 대본을 썼다고 하는데, 전설 속 내용은 다음과 같다.

> 네덜란드인 선장 반데르데켄은 아프리카의 희망봉 부근에서 폭풍을 만났지만, "지구 끝까지 항해하리라."라며 선원들의 반대에도 불구하고 희망봉을 계속 항해하려다가 좌초되어 침몰하고 만다. 배가 침몰할 때, 자신의 무능력함을 느낀 선장이 신들을 저주하자 분노한 신들은 선장에게 또 다른 저주를 내렸다. 저주를 받은 후 네덜란드인 선장은 유령선이 된 자신의 배와 함께 7대양을 떠돌아다녀야 했고, 7년 만에 단 한번만 가능한 상륙에서 자신을 영원히 사랑해 줄 수 있는 여인을 만나야 저주가 풀리게 된다.

「방황하는 네덜란드인」은 해양 전설과 실제 해양 경험 등을 통해 완성한 독창적인 작품으로, 바그너는 이 작품을 통해 오페라 작곡가로서 입지를 굳히게 된다.

「왕벌의 비행」으로 유명한 림스키 코르사코프(Nikolai Rimsky-Korsakov)가 소설 『아라비안나이트』에서 영감을 얻어 작곡한 교향곡 「세헤라자데(Shekherezade)」에서도 바다를 생생하게 접할 수 있다. 아내에게 배신당한 복수로 매일 밤 처녀를 데려다가 신부로 삼아 동침한 후 아침이면 죽이는 잔혹한 샤흐리야르 왕의 폭정을 더 이상 볼 수 없어 자진해서 왕의 신부가

된 지혜로운 공주 세헤라자데의 이야기다. 꾀를 낸 세헤라자데 공주는 매일 밤 목숨을 걸고 매혹적인 '천일야화(千一夜話)'*를 풀어갔고, 이야기가 궁금해 안달이 난 왕은 끝없는 이야기에 빠져 결국 여자에 대한 증오와 복수심을 버리고 왕비 세헤라자데를 사랑하게 된다.

림스키 코르사코프는 세헤라자데의 장엄한 대서사시를 생동적인 바다 묘사로 풀어낸다. 1악장 '바다와 신밧드의 배', 2악장 '칼렌다 왕자의 이야기', 3악장 '젊은 왕자와 젊은 공주', 4악장 '바그다드의 축제-바다-난파-종결'로 구성되어 있다.

1악장 '바다와 신밧드의 배'는 뱃전을 위협하며 우르릉대는 바다를 표현한다. 이 곡이 시작될 때는 힘차고 웅장한 샤흐리야르 왕의 주제 선율이 나오며, 이윽고 부드러운 세헤라자데의 바이올린 테마가 어우러지며 흔들리는 듯한 대양의 선율이 나온다. 2악장 '칼렌다 왕자의 이야기'에서는 이슬람의 탁발승을 뜻하는 칼렌다 왕자의 이야기가 세헤라자데의 주제 선율에 묻혀 흐른다. 자유롭고 유머러스한 칼렌다 왕자의 모험이야기에 샤흐리야르 왕이 드디어 노여움을 풀고 웃는 모습이 문득문득 표현된다. 적막하고 고즈넉한 바순의 독주가 두드러지며, 트럼본과 트럼펫의 어울림으로 환상적 분위기를 연출한다. 3악장 '젊은

---

* 아랍권에서는 1001이라는 숫자는 '무한한, 끝없는'이라는 의미를 지니는 것으로 밤마다 끝없이 이어지는 이야기라는 뜻이다.

왕자와 젊은 공주'에서는 사랑을 속삭이는 샤흐리야르 왕과 세헤라자데를 상징하는 젊은 왕자와 젊은 공주가 등장한다. 아름답기 그지없는 현악 선율이 이국적이면서도 관능적으로 표현되어 대중에게 가장 사랑받는 악장이기도 하다. 4악장 '바그다드의 축제-바다-난파-종결'에서는 주제 선율이 교차되면서 바그다드의 이교풍 축제와 높은 바다 물결에 뒤집히는 신밧드의 배가 묘사되다가 마침내 바다가 고요해진다. 샤흐리야르 왕과 세헤라자데의 행복을 암시하면서 조용히 끝이 난다. 이를 통해 샤흐리야르 왕과 세헤라자데 왕비의 해피엔딩을 보여준다.

프랑스 인상주의 작곡가 클로드 드뷔시(Claude Debussy)가 일본풍 바다에서 영감을 얻었다는 사실은 당시 인상주의 화풍에 깊은 영향을 미쳤던 자포니즈리(Japoneserie, 일본취미)의 결과로 여겨진다. 드뷔시는 에도시대 말기의 일본풍 파도 그림 '우키요에(浮世繪)'의 대가 가쓰시카 호쿠사이(葛飾北齋)의 판화에서 영향을 받아 교향시 「바다-관현악을 위한 3개의 교향 소묘(La mer-trois esquisses symphoniques pour orchestre)」를 썼다고 한다. 그의 「바다」에서 느껴지는 물결이나 바람의 분위기가 색다른 이유다.

드뷔시의 「바다」는 '바다에서의 새벽에서 정오까지', '물결의 유희', '바람과 바다와의 대화' 등 세 개의 곡으로 이루어져 있다. 1악장 '바다에서의 새벽에서 정오까지'는 아주 느린 템포로 어두운 바다에 짙게 깔린 신비의 그림자를 묘사한다. 새벽 바다에서 점점 밝아 오는 수평선과 빛나는 하늘, 그리고 밝은 대낮까지의 미묘한 변화를 그려낸다. 2악장 '물결의 유희'는 해변에 밀려오는 큰 물결과 작은 파도를 묘사해 우아하면서도 귀여운 느낌을 준다. 3악장 '바람과 바다의 대화'는 바람과 바다가 만나 어우러지는 잔잔한 파도의 바다부터 폭풍우와 광풍이 몰아치는 거친 파도의 바다와 폭풍우가 지나간 후의 고요한 바다를 묘사하고 있다.

핀란드의 작곡가 장 시벨리우스(Jean Sibelius)의 「대양의 여신(The Oceanides)」에서는 맑고 차가운 바다를 느낄 수 있다. 그리스 신화의 님프에서 영감을 받은 오케스트라로 님프의 장난스러운 활동과 여신의 위엄을 표현하고 있다. 잔잔한 바다에서 시작해 폭풍을 거쳐 파도에 충돌하듯 천둥 같은 클라이맥스에 도달한 뒤 마침내 폭풍우가 가라앉으며 마지막 화음이 울린다. 바다의 막강한 힘과 끝없는 광활함을 상징적으로 보여주는 곡이다.

가요

가요에서 바다는 수없이 등장한다. 전통사회를 반영한 판소리 중 「심청전」이나 「수궁가」 등도 바다가 핵심이다. 근대 이후 가요가 급성장하면서 주제나 소재로서 바다가 대거 등장한다. 1920년대부터 1950년까지 약 30년간 발표된 대중가요 앨

범 700여 편*을 조사한 적이 있는데, 그중 바다를 노래한 가요가 156곡이나 됐다. 가요에 본격적으로 부두, 항구, 바닷가, 선창, 바다, 등대, 항로, 파도, 물결, 순풍, 해협, 포구, 해관 등 항해나 부두와 관한 단어가 등장하고, 수부, 마도로스, 배, 연락선, 화륜선, 범선, 갑판, 돛, 함대, 유랑선 등 선박이나 선원에 대한 개념도 등장한다. 항해를 통해 닿을 수 있는 부산항, 목포, 여수, 나진항, 장전항, 압록강(鴨綠江) 등 국내 지명은 물론, 상해, 태평양, 남양(南洋), 메리켕(아메리카) 등 해외 지명도 등장해 이국풍을 물씬 풍기기도 한다. 뿐만 아니라 선술집, 인어 등으로 향수나 애수(哀愁)를 간접적으로 드러내거나 갈매기, 물새 등 해양 관련 동식물을 통해 바다 분위기를 묘사하기도 한다.

현대 가요에서 바다를 노래하는 가요는 그 수가 너무 많아 일일이 열거가 불가능할 정도다. 60년대를 대표하는 바다 노래로는 이미자 류의 「동백아가씨」, 「흑산도 아가씨」, 「섬마을 선생님」이, 70년대에는 송창식의 「고래사냥」이, 80년대에는 한마음의 「갯바위」가 거론된다. 최백호의 「영일만 친구」나 정태춘의 「저녁 숲 고래여」도 빼놓을 수 없는 바다 노래다. 최근 헤밍웨이의 소설 『노인과 바다』를 이자람이 소리로 재해석한 「노인과 바다」와 조선시대 전설의 소리꾼 이날치를 오마주한 이날치밴드가 판소리 「수궁가」를 현대적으로 재해석한 「범 내려온다」도 사실

* 〈네이버한국대중가요앨범11000〉 참조.

상 바다 노래다.

영화

영화는 훨씬 큰 파장으로 인간의 감성에 영향을 미치는 장르다. 해양영화의 장르적 특징은 모험, 사랑, 판타지, 로맨스, 공포, 액션, 괴물, 탐험 등으로 구분되며 대부분의 주제는 이 범주를 넘어서지 않는다. 고전적인 해양영화는 1942년 미국에서 제작된 「절해의 폭풍」이다. 폭풍우에 맞서 항해하는 사람들의 모험과 사랑을 담고 있다.

이후에 제작된 거의 대부분의 해양영화는 해양에 맞선 모험, 해양환경의 위험성에 대한 경고가 주를 이루며 그 과정에서 파생되는 남녀의 사랑이 어우러진다. 이렇게 드라마적 요소를 갖춘 흥미로운 극영화가 줄을 이었는데, 해외 영화로는 「해적왕 털보」(1952), 「해적선장」(1952), 「표류도(漂流盜)」(1960), 「바이킹」(1960), 「컷스로드 아일랜드」(1995), 「워터월드」(1995), 「잠망경을 올려라」(1996), 「캐스트 어웨이」(2001), 「소년과 바다」(2008) 등이 있으며 한국 영화로는 「김씨 표류기」(2009), 「김복남 살인사건의 전말」(2010), 「해무」(2014), 「고질라」(2014), 「바다로 간 해적」(2014) 등이 있다. 동서양을 막론하고 영화의 주제나 기본정서 면에서 거의 동일한 패턴을 따르고 있다.

해양은 사랑과 열정이 넘실대는 생동감 넘치는 공간이다.

특히 해양영화 장르에서 로맨스를 빼고 얘기할 수 없다. 50년대 제작된 영화 「해정(海情)」(1956), 「애정파도」(1956), 「해녀(海女)」(1957), 「비련의 섬」(1958), 「갯마을」(1965), 「섬마을 선생님」(1968) 등도 하나같이 애정을 주제로 하고 있다. 청춘 남녀가 대자연의 광활함 속에서 나누는 사랑은 가장 뜨겁고 열정적일 수밖에 없다. 「블루 라군」(1980)이나 「그랑블루」(1988)가 그렇고 「깃」(2004), 「사랑보다 황금」(2008) 역시 여기에 크게 벗어나지 않는다. 해양재난 속에서 싹튼 뜨거운 사랑과 인간관계 등을 다루는 「포세이돈 어드벤쳐」(1978, 2006)와 「타이타닉」(1997) 또한 대표적인 해양 재난멜로영화다.

더러 해양은 무서운 괴물이 나타나는 미지의 공간이기도 하다. 때문에 깊고 어둡고 무서운 바다를 배경으로 두려움과 공포가 묻어나는 영화가 탄생하기도 했다. 어릴 적 〈죠스〉(1978)라는 영화를 본 뒤 해수욕장에 가기가 두려워졌던 경험은 누구에게나 있을 것이다. 심해저는 우리가 경험하지 못했기에 더 큰 공포를 자아내기 충분하다. 「메가로돈」(2018)이나 「유령」(1999) 등은 그런 해양 괴생명체를 상상으로 그려낸 영화다. 허먼 멜빌의 소설을 영화한 「모비딕(백경)」(1998)은 미지의 해양에 대한 탐험 과정을 다루는데, 괴생명체와 해양의 변화무쌍함이 주는 공포를 담고 있다.

영화 「심연」(1989)과 「딥블루씨」(1999), 「비치」(2000), 「빌로우」(2002), 「크림슨 타이드」(1995), 「블루스톰」(2005), 「태풍」

(2005), 「붉은 시월」(1990), 「파리대왕」(1990), 「후크」(1991), 「폭풍속으로」(1991) 또한 장르와 주제가 매우 유사하다. 해양 재난을 다룬 「화이트 스콜」(1996), 「퍼팩트 스톰」(2000), 「해운대」(2009), 「올 이즈 로스트」(2013) 등도 주목할 만하다.

영화는 해양을 판타지화함으로써 관심을 불러일으키고 친근감을 선사하기도 한다. 쥘 베른의 소설을 영화화한 「해저 2만리」(1954)는 소설적 상상을 영상화해 해양에 대한 관심을 드높인 영화다. 「13번째 전사」(2000), 「스티브 지소와의 해저생활」(2004), 「피터팬」(2004), 「보물섬」(2007), 「아웃랜더」(2008), 「캐리비안의 해적」(2003~2017) 시리즈, 「퍼시픽림」(2013), 「범고래 등대」(2016), 「라이프 오브 파이」(2018) 등이 있으며, 역사적 사실에 상상력을 가미해 재현해낸 「자산어보」(2021)도 있다.

어린이는 물론 가족 전체가 감상할 수 있는 애니메이션 판타지 장르도 더욱 다양해졌다. 「인어공주」 (1989) 이래로 「니모를 찾아서」(2003), 「벼랑 위의 포뇨」(2008), 「붉은 거북」(2016), 「모아나」(2017), 「드래곤 길들이기」(2019), 「씨 비스트」(2022) 등은 남녀노소 모두가 사랑하는 해양 애니메이션이다.

최근 「명량」(2014)에 이어 「한산」(2022)이 인기몰이 중이다. 충무공 이순신에 관한 「난중일기」(1977) 류의 영화를 넘어, 매우 수준 높은 그래픽 영상 기법을 동원한 이 영화는 역사 속 해전 장면을 생생하게 구현해 스펙터클한 감동을 준다. 해양은 갈등과 전쟁의 공간이기도 했는데, 특히 냉전 시대인 1950년대에

「함장 호레-쇼」(1951), 「바다의 승리」(1954) 등의 해양전쟁 영화가 다수 출현했다. 이후로도 독일의 잠수함 영화 중 최고 백미로 일컬어지는 「U보트」(1982)와 미국에서 제작한 「U-571」(2000) 그리고 「지중해」(1991) 등도 주목할 만한 해양전쟁 영화다.

바다로의 모험과 도전 의식, 낭만과 열정, 공포와 극복 과정을 보여주는 문학, 미술, 음악, 영화 등 해양예술은 인류 문명의 성장과 성숙 과정을 공시적 또는 통시적으로 보여준다. 이러한 예술적 시도와 성취 덕분에 인간은 상처와 아픔을 치유하고, 자유와 행복으로 스스로를 이끌어 갈 수 있었을 것이다.

영화 「자산어보」 세트장 전시자료 ⓒ 윤태옥

3. 해양문명의 현재와 미래

항구와 해양도시

항구의 발전과 도시의 성장

현대인의 대다수는 연해 지역에서 생활하고 있다. 여러 의미에서 선진국이라 불리는 국가들은 대부분 바다를 끼고 있으며, 선진국 내에서도 도시화 과정이 상대적으로 빠른 지역은 대부분 바다를 면하고 있다. 인류의 탄생 이래로 배와 인간의 삶은 떼려야 뗄 수 없는 관계가 되었고, 배의 입출항을 위해 자연스럽게 항구가 건설됐다. 항구는 입출항하는 선박의 종류나 기능에 따라 불리는 명칭이 다르다. 고깃배가 정박하는 어항(漁港)과 큰 함대가 정박할 수 있는 군항(軍港), 상선과 여객이 드나들며 화물을 싣고 풀 수 있는 상항(商港), 공장용 원료를 싣는 화물선이 정박하는 공업항(工業港) 등이다. 군항을 제외하고는 교통 기능 외에 상업적 기능도 함께 갖는다.

해안마을은 위치나 기능에 따라 도시로 발전하기도 한다. 도시가 발전하려면 해양과 육지 모두로 뻗어나갈 수 있는 위치에 있어야 하는데, 항구는 그러한 인문지리적 특성을 갖고 있어 도시 발전에 유리한 조건이 된다. 게다가 해양성 기후는 인간이 생활하는 데도 매우 적합하다. 항구를 통한 인구의 유입으로 '포구마을'은 '항구도시'로 점차 팽창하였고, 교류의 진전으로 도시문화는 질적으로 성숙한다. 항구에서 대외무역이 벌어지면서 경제 발전과 문화 번영 또한 자연스럽게 가속화된다. 항구는 해양문명의 산물이자 해양문화를 구성하고 성장시키는 중요한 요소가 되었다.

그러다 보니 근현대에 이르러 항구도시가 세계적 도시로 발전하는 것이 보편적 추세가 되었다. 현대 항구도시 대부분은 해당 국가의 경제나 문화의 중심지 역할을 하며, 그중 일부는 정치적 중심지이기도 하다. 오늘날 국제적인 도시의 대부분은 이러한 항구의 장점을 살린 곳이다.

이러한 특성을 지닌 대표적인 국가로 네덜란드를 들 수 있다. 네덜란드의 수도 암스테르담은 원래 작은 포구마을이었으나, 대서양 무역이 본격화된 16세기에 네덜란드가 대서양 무역의 주요 경유지로 성장한다. 특히 네덜란드는 향신료 시장을 독점하고 있어 유럽의 수많은 상인이 암스테르담으로 모여들어 그야말로 사람, 돈, 물자가 빠르게 순환하는 곳이 되었다. 네덜란드 암스테르담은 대서양과 유럽 대륙의 관절점에 해당하는 지리적 이점과 중개 무역이나 시장 독점 등의 방식을 통해 17세기 막대한 부를 축적한 해양도시이다.

홍콩은 150년 전만 해도 작은 어촌에 불과했다. 하지만 근현대에 들어 '동방의 진주'로 불리며 세계 무역의 중심이 되었다. 지리적으로 홍콩은 아시아태평양 지역 항로의 요충지로, 광대한 중국 내륙으로 들어가는 통로였다. 영국이 식민지로 홍콩을 선택한 것도 바로 이 뛰어난 지리적 조건 때문이었다.

암스테르담 구 항구
ⓒ 라 스트라다 정

청나라는 1차 아편전쟁에 패한 후 영국 정부와 굴욕적인 '남경조약(南京條約)'을 체결하며 홍콩을 넘겨준다. 영국은 무역의 확대를 위해 홍콩을 대형 항구도시로 개발한다. 특히 홍콩섬과 구룡반도(九龍半島) 사이에 위치한 빅토리아항은 수심이 깊어 선박 운항에 유리한 곳이다. 빅토리아항의 발전을 통해 홍콩은 경제적·문화적으로 빠르게 성장할 수 있었으며, 현재는 뉴욕, 런던과 함께 세계적인 금융허브로 꼽힌다.

항구도시와 르네상스

문화적 혁신은 급격한 경제 성장기나 외래문화 유입으로 인한 충격 등 중대한 사건에 의해 벌어지는 경우가 많다. 대표적으로 유럽의 계몽운동인 문예부흥운동, 즉 르네상스(Renaissance)를 들 수 있다.

르네상스는 '학문과 예술의 재생 또는 부활'이라는 의미를 갖는다. 즉, 사상, 문학, 미술, 건축 등 다방면에 걸친 고대 그리스·로마 문화 부흥을 통해 새로운 문화를 창출해 내고자 한 운동이다. 로마 제국이 몰락한 5세기부터 르네상스가 시작된 14세기까지를 인간성이 말살된 '야만시대'라 불렀을 만큼, 르네상스는 인류 문화에 있어 획기적인 사건이었다.

흥미로운 점은 르네상스가 피렌체, 베니스, 제노바 등 지중해 유역의 '이탈리아 각 항구도시'에서 먼저 시작됐다는 점이다. 14세기 후반 당시 이 도시들은 해상무역에 있어서 주도적 위치를 차지하고 있었고 이들이 겪은 급격한 경제 변화와 외래 문화 수용과 충격은 유럽을 휩쓴 거대한 부흥 운동의 불씨가 되었을 것이다.

한때 이탈리아 왕국의 수도이기도 했던 피렌체는 르네상스의 본고장으로 불린다. 전통적인 형태의 항구도시라고 말하긴 어렵지만, 몰락한 항구도시 피사(Pisa)를 외항으로 접수하며 넓은 의미의 항구도시로 발전해 갈 수 있었다. 피렌체는 메디치 가문의 본거지로 르네상스를 이야기할 때 빼놓을 수 없는 도시이다. 메디치 가문의 막대한 후원으로 레오나르도 다빈치, 미켈란젤로(Michelangelo), 보티첼리(Sandro Botticelli) 등 수많은 예술가가 세상에 이름을 알릴 수 있게 되었다.

'물의 도시' 베니스는 정치·경제적으로 안정된 해양도시국가였다. 메디치 가문의 주역이었던 로렌초 데 메디치(Lorenzo de Medici)가 죽자 피렌체를 중심으로 한 르네상스가 서서히 저물어갔고 동시에 베니스를 중심으로 한 르네상스가 수면 위로 떠올랐다. 베니스를 지배하던 대상인들은 총독의 집무실인 궁전, 총독의 개인 성당인 산 마르코 성당, 외국 무역 대표단이 머무는 공관 등을 마련해 무역중심지 역할을 공고히 했다. 이 과정에서 자연스럽게 문화예술이 성장해 피렌체와 함께 무역뿐만 아니라 문화를 대표하는 도시가 되었다.

제노바는 피렌체나 베네치아에 비해 덜 알려져 있지만, 한때 베네치아에 대적할 만큼 막대한 힘을 가지고 있었던 항구도시다. 십자군전쟁을 기점으로, 제노바는 십자군에 인력과 물자를 나르며 본격적인 무역항 역할을 했다. 이후 막강한 해군력을 바탕으로 지중해 무역을 장악하면서 많은 부를 축적했고, 동시에

베니스 항구
© 라 스트라다 정

문화적 성장을 이룩했다.

이탈리아에서 시작된 르네상스는 이후 프랑스, 독일, 영국 등 서유럽 지역에 전파된다. 항구를 통한 경제 구조의 대외적 개방은 유럽에 장기간 지속된 사상문화적 암흑을 깨트렸다. 또한 항구도시의 문화가 외래문화와 충돌하고, 자극하고, 상호 융합하면서 전파되는 과정을 통해 근대 유럽문화가 태동했다고 보아도 과언이 아닐 것이다.

항구도시의 흥망성쇠

15세기부터 유럽인들의 신항로 개척과 신대륙 발견이 활발해지면서 주요 위치에 있던 항구들은 점점 도시의 면모를 갖추어간다. 그런데 시간이 흐를수록 도시별로 확연히 다른 모습을 보이기 시작한다. 어떤 도시는 갈수록 번성하는 반면, 다른 어떤 도시는 점차 옛날의 번영과 지위를 상실하는 것이다. 심지어 몇몇 항구도시는 폐허가 되기도 하는데, 그렇게 된 이유는 과연 무엇일까?

항구도시의 발전에는 외부 상황의 변화가 일정한 영향을 미친다. 다시 말해 외부 상황을 어떻게 받아들이고 대처하느냐에 따라 항구도시의 미래가 달라지는 것이다. 항구도시의 쇠퇴를 불러온 주요 외부 원인은 여러 가지다. 대표적으로 국가 보호정책의 변경 또는 폐기, 항구도시의 발전에 필수불가결한 항로의 변화, 항구도시의 평화로운 발전 환경을 파괴하는 전쟁, 급격한 기상이변으로 인한 폐해 등이다. 특히 항해 기술 발달로 새로운 항로가 발견되면 본래 항구가 제 역할을 상실하기도 한다. 또한 전쟁으로 인한 손실은 이전 모습을 회복하는 데만 수년 또는 수십 년의 시간을 필요로 한다.

항구도시의 흥망성쇠에 영향을 미치는 '내부적인 요인'도 있다. 외부 요인의 경우 예측이 어렵고 변화 속도가 빨라 대처가 힘든 반면, 내부 요인은 점진적으로 변화하기에 지속적으로 관심을 두고 행동한다면 충분히 대처할 수 있다. 내부 요인에 대한 관심과 판단, 대처가 더욱 중요한 이유다.

항구도시의 쇠락을 불러온 내부 요인은 크게 두 가지다. 하나는 지리적 변동으로 인한 항구도시 발전의 지리적 우월성 상실이다. 대표적인 지역으로 아랄해(Aral Sea)가 있다.

아랄해는 카자흐스탄과 우즈베키스탄 사이에 있는 내해(內海)로 '섬들의 바다'라는 명칭으로 불렸을 만큼 큰 면적과 그에 걸맞은 수량(水量)을 가지고 있었다. 그러나 1950년대 구소련 정부가 내륙 개발을 위해 아랄해로 가는 강물을 끌어다가 대규모 개간 사업을 진행했다. 이로 인해 아랄해로 흘러드는 강물의 수량이 대폭 줄었고, 호수의 물은 급격한 염분 증가로 마실 수 없는 수준이 되었다. 현재는 물을 거의 찾아볼 수 없을 정도로 사막화가 진행되었으며, 모래 위에 좌초된 선박이 즐비한 황량한 공간이 되어버렸다.

다른 하나는 부단히 확대된 대외무역 의존도다. 한 국가의 경제는 국내에서 발생하는 수입과 외국에서 벌어들인 수입을 합쳐 완성된다. 가장 안정적인 상황은 둘의 균형이 잘 이루어졌을 때다. 반면에 한쪽으로 기울어진 운동장이 되면 경제는 늘 불안정할 수밖에 없으며, 불안정한 경제는 국가의 운명을 바꿔버릴 수 있다. 항구도시는 구조적 특성상 도시 안에서 발생하는 수입보다 외부와의 교류를 통한 수입이 더 많은 부분을 차지한다. 너무 높은 대외의존도는 도시 경제 전반에 부정적인 영향을 미치므로 이를 균형 있게 유지하려는 노력이 필요하다. 몰락한 항구도시를 보면 지나치다 싶을 정도로 대외의존도가 높았다는 공통점이 나타난다. 준비되어 있지 않으면, 외부 충격에 반격도 하지 못하고 몰락할 수밖에 없다.

1 2

1. 번성하던 시절의 아랄해
사막으로 변한 아랄해와 폐선
ⓒ 최희영

예컨대 16세기 유럽의 항구도시 앤트워프(Antwerp)의 일시적인 번영을 들 수 있다. 스켈트강 하구와 북해가 맞닿은 곳에 위치한 앤트워프는 당시 런던을 능가하는 유럽 최대의 무역 항구였다. 이웃 항구인 브뤼헤(Bruges) 항구가 토사로 막히는 바람에 그 지역 상인들이 앤트워프로 이전한 것이 번영의 원인이었다. 이후 각국의 물품은 앤트워프를 거쳐 가야만 했는데, 앤트워프 입장에서는 하늘이 준 기회였다. 그러나 1648년 뮌스터 조약*으로 앤트워프는 북해로 난 스켈트강의 사용이 금지되며 국제항구로서 회복할 수 없는 타격을 받게 된다. 현재 앤트워프는 벨기에에서 두 번째로 큰 도시이자 뛰어난 항구도시의 역할을 하고 있지만, 과거의 영광을 재건할 시기는 이미 놓쳐버린 뒤다.

세계 항구도시가 나아갈 길

항구도시의 존재와 역할은 인류 문화에 큰 변화를 가져왔다. 단적으로 유럽인들의 식탁은 콜럼버스를 기점으로 그 전과 후로 나뉜다고 이야기한다. 15세기 이전까지 유럽인들의 식탁은 지

* 스페인으로부터 네덜란드의 독립을 인정한다는 네덜란드 공화국과 스페인 사이에 맺은 조약.

금처럼 풍성하지 않았다. 신대륙을 발견한 콜럼버스는 인디언들로부터 담배, 감자, 옥수수, 고추, 아보카도, 파인애플 등 경제작물*을 비롯해 새로운 품종의 식용 농작물과 과일을 바닷길을 통해 들여왔다. 차를 마시는 법, 관상용 화초재배법 등과 같은 문화적 요소도 마찬가지다. 동시에 아메리카에는 돼지, 소, 양, 말과 같은 가축이 전달되었다. 콜럼버스가 세계 먹거리 혁명을 불러일으켰다고 해도 과언이 아니다. 문화적 변혁은 바닷길을 거쳐 항구를 통해 실현됨을 미루어볼 때, 항구도시의 선도적 역할은 아무리 높게 평가해도 지나치지 않다. 이것이 우리가 항구도시에 더 집중해야 하는 이유다.

더구나 21세기가 해양의 세기인 만큼, 앞으로 항만과 항구도시의 위상이 더욱 높아질 것을 충분히 예상할 수 있다. 해양은 세계 경제가 하나로 연결되고 발전하는 데 핵심적인 역할을 할 것이며, 항구도시는 현대 문명과 미래 문명을 창조하고 전파하는 중심이 될 것이다. 이를 위해 항구도시의 지리적·문화적 장점을 활용하고 극대화하는 방안이 절실하다. 특히 교류 활성화와 문화 전파 방법에 주목해야 한다.

항구도시는 다양한 자원과 사람이 모여들고 흩어지는 곳이다. 이러한 점을 활용해 해양과학 기술 방면의 개발과 더불어 수많은 인재와 성과들을 끌어들인다면, '제1차 생산력'으로서의

---

* 판매를 목적으로 수익성이 높은 작물.

역할을 담당케 할 수 있다. 해양과 관련한 수많은 산업과 인재를 거느리게 된다면 항구도시의 경제는 물론 국민 경제 전반에도 번영을 가져다줄 것이다.

항구도시는 해양이 선사한 아름다운 자연풍경과 인문환경을 보유하고 있다. 세계적으로 관광문화의 발전은 항구도시에서 특히 두드러지게 나타난다. 관광은 항구도시의 발전을 좌우하는 열쇠 중 하나다. 관광문화의 발전은 항구도시의 경제적 수입원이 될 뿐만 아니라 서비스 중심의 3차 산업 발전을 이끌게 될 것이다. 이를 통해 항구도시의 국제적 영향력 또한 확대된다면 해외투자와 해외문화 교류는 더욱 활발해질 것이다.

항구도시 부산은?

부산은 대한민국 제1의 해양도시다. 부산하면 떠오르는 것은 해양이며, 해양 하면 자연스럽게 부산이 떠오른다. 부산은 1876년 개항 이래 줄곧 바다에 기대어 발전해왔다. 345만 시민이 408km의 길고 긴 해안선*에 기대어 살고 있다. 항만, 물류, 조선, 수산업은 부산의 전체 산업에서 30% 이상을 차지할 정도로 큰 규모다.

---

* 2021년 6월, 국립해양조사원 발표 자료.

흔히들 부산을 '천혜의 항구'라 부른다. 배가 자유롭게 드나들 수 있는 깊은 수심과 수많은 배가 정박할 수 있는 넓은 해역 공간이 존재하며, 편리한 교통시설을 통해 항구에 도착한 화물을 전국으로 빠르게 수송할 수 있다. 이러한 장점을 바탕으로 한 부산의 항만 능력은 세계 5위에 속할 정도로 탁월하다. 부산항의 연간 물동량은 2천3백만TEU를 넘어섰다. 이 정도면 대한민국을 먹여 살릴 정도라고 볼 수 있다. 이렇듯 바다는 언제나 부산의 현재이자 미래이다.

그러나 아무리 빠르게 흐르는 물도 약간의 방심으로 순식간에 정체될 수 있다. 우리는 그러한 사례를 앞서 앤트워프에서 확인했다. 그렇다면 급변하는 시대적 환경에서 우리나라 제1의 항구도시 부산은 어떻게 해야 할까?

부산이 지금보다 더 나은 항구도시가 되려면 바다와 함께 공존하며 살아갈 방법을 끊임없이 고민하고 찾아야 한다. 우선 익숙한 것들과 결별하고 낯선 경관을 누릴 수 있어야 한다. 이는 기존의 육지적 사고에서 벗어나 해양적 사고로의 전환을 의미한다.

배를 타고 바다에서 부산의 육지를 바라본 적이 있는가? 지금 수미르공원에 정박해 있는 항만 안내선에 올라탔다고 상상해 보자. 배에 시동이 걸리고 서서히 움직이기 시작한다. 부산항의 출입구 역할을 하는 부산항국제여객터미널을 지난다. 감만부두와 신선대부두에 즐비한 컨테이너 크레인(Container Crane)을 지나 오륙도를 한 바퀴 돌고 조도(朝島)의 한국해양대학교와 영도 해양클러스터 중심에 있는 국립해양박물관을 돌아 다시 영도 조선소 그리고 부산의 명물 부산항대교와 영도대교를 바라보며 송도의 대형 냉동창고를 먼발치로 둘러볼 수 있다. 이 모두 육지적 시선으로는 만나 볼 수 없는 경관들이다.

부산의 공간을 단순히 육지적 시각에서 본다면 특별한 느낌을 받지 못할지도 모른다. 하지만 해양의 시점에서 본다면 하나같이 신기하고 흥미로운 순간과 공간들이 분명하다. 우리가 육지에서 아무렇지 않게 스쳐 간 모든 공간이 해양의 시각에서 새로이 바라보면 하나같이 부산의 역사이자 미래라는 사실을 느낄 수 있다. 이러한 전환과 발견은 항구도시 부산에 필요한 새로운 상상력의 밑바탕이 될 것이며, 이를 토대로 우리는 항구도시 부산을 항만·물류, 선박·조선, 문화예술, 관광·마이스 등이 어우러진 '복합 해양도시'로 재건해야 한다.

항구도시에서 '복합 해양도시' 부산으로

부산을 해양수도라 지칭하지만 시민이 과연 해양을 얼마나 누리고 있는지를 생각하면 회의감마저 든다. 적어도 해양수도라면 부산이라는 도시를 바다 위에 재건할 각오쯤은 해야 한다. 그렇지 않고서야 어찌 부산을 '해양수도'라 말할 수 있을까? 부산, 즉

1

2 3

1. 감만부두
2. 수미르공원
3. 송도 냉동창고

ⓒ 박수현

부산항대교
© 부산항만공사

바다를 재건하기 위해서는 수많은 요인이 복합적으로 얽혀 있지만, 네 가지는 필수적으로 이루어져야 한다.

첫째, 사람이 필요하다. 창의적 상상력이 도시의 얼굴을 바꾼 사례는 많다. 우리에게도 북항을 비롯해 부산을 디자인할 세계적 도시건축기획자가 필요하다. 산업폐기물로 황폐했던 나오시마는 기획자 한 명으로 세계적인 관광지가 되었다. 둘째, 제도와 행정이다. 일관된 정책과 신뢰받는 공무원이 올바른 제도를 구축하기 위한 필수 조건이다. 이는 시민의 신뢰로 이어져 올바른 정책에 힘이 실린다. 셋째, 건강한 자본이다. 공공적으로 조성된 땅을 헐값에 매입해 마음대로 개발하게 해서는 안 된다. 총체

적인 도시 마스터플랜의 철학과 가치에 동의하고 준수할 양심을 지녀야 한다. 재산권과 공공적 개발 사이의 견제와 균형을 확보해 난개발을 막아야 한다. 넷째, 그 무엇보다 중요한 것이 시민들의 행복이다. 앞서 언급한 디자인, 행정, 자본 모두 시민의 몫임을 잊어서는 안 된다.

무엇보다 독창적이면서도 자연생태와 예술이 조화되는 해양수도 부산의 도시공간 조성이 절실하다. 자본이 예술적 도시공간을 만들고, 예술적 도시공간이 다시 자본을 불러들이는 선순환구조를 구축해야 한다. 부산의 도시 철학은 성장이 아닌 '성숙'의 단계로 옮아가야 한다. 또한 자본에 의한 배제가 아닌 배

부산항 북항
© 부산항만공사

려, 조화, 균형, 공존이어야 한다. 그것이 부산항의 가치이자 부산의 미래이기 때문이다.

부산이 진정한 해양문화도시가 되려면 다양한 인문학적 프로그램이 준비되어야 한다. 스토리텔링을 통한 풍부하고 다채로운 해양문화가 담겨야 하며, 해양문화의 창조와 향유가 가능해야 한다. 이를 위해서는 해양문화와 예술에 관한 시민적 합의와 공감이 이뤄져야 한다. 부산항을 문명과 문화의 도가니로 만들어 부산을 힐링과 휴식의 '복합 해양도시' 공간으로 만들 수 있어야 한다.

부산이 주목해야 할 해양도시 이야기

도시는 시민들이 숨 쉬며 살아가는 유기적 공동체다. 또한, 시민들의 욕망이 고스란히 녹아있는 곳이기도 하다. 그렇기에 사람과 사람, 사람과 자연, 사람과 산업이 조화로우면서도 지속가능한 발전을 추구할 수 있어야 한다. 무슨 옷을 입느냐에 따라 사람의 모습이 변하듯, 시대적 흐름에 따라 부산의 얼굴도 변화한다. 그런 점에서 해양도시 부산이 참고해야 할 세계의 도시가 많다. 그중 부산과 닮은 듯 다른 네 공간을 소개하고자 한다. 이 지역들을 참고해 장점을 배우고, 미비점을 개선해 나가야 할 것이다.

첫 번째는 대만 가오슝(高雄)의 보얼예술특구(駁二藝術特區, The Pier-2 Art Centre)다. 항구의 쇠락에 따라 비어 버린 부두 창고에 갤러리, 출판사, 화가와 뮤지션의 작업 공간, 식당과 카페로 바뀌면서 거대한 복합 문화 공간이 되었다. 처음에는 두 개 동의 창고로 시작해 현재는 스물다섯 개 동으로 늘었다. 예술특구가 가진 경제성과 편의성으로 인해 관람객뿐 아니라 지역 청년기획자를 중심으로 한 수많은 예술가가 모여들었다. 부두 안으로 이어진 폐철로는 유람열차 레일이 되어 사람들의 접근성과 흥미를 증가시켰다. 배와 화물이 사라진 노후 항만의 창고와 야적장이 이제는 거대한 문화예술 공간이 되어 전 세계의 이목을 집중시키고 있다.

코로나 이전까지 보얼예술특구를 찾는 관광객 수는 한 해 400만 명에 달했다. 자연스럽게 특구 안에 위치한 카페, 식당, 서점 등 관련 서비스 분야 일자리도 함께 늘어남으로써 지역발전에 이바지했다. 지리적으로 가오슝시(市)는 대만의 남부에 위치해 있어 수도 타이베이(臺北)와 멀리 떨어져 있다 보니 여건상 문화적으로 격차가 벌어질 수밖에 없었다. 그러나 이러한 문화적 불균형을 보얼예술특구를 통해 상당 부분 해소할 수 있었다.

두 번째는 일본의 나오시마(直島)다. 시코쿠(四國) 가가와현(香川県)에 있는 인구 3,000여 명에 불과한 아주 작은 섬으로 과거에는 섬 주민들이 주로 염전이나 어업으로 생활했다. 하지만 근대화가 진행되면서 1917년에 구리 제련소가 들어왔다. 한동안

산업 발달로 인해 섬은 활기를 띠었으나, 이후 제련산업의 쇠퇴와 함께 구리제련소에서 나오는 산업폐기물과 오염 물질로 섬은 폐허가 되었다. 하지만 지금은 매년 수십만 명의 국내외 관람객이 몰려드는 일본 내 최고의 관광지 중 한 곳이 되었다. 그러한 데는 후쿠다케 출판사의 창업자인 후쿠다케 테츠히코(福武哲彦) 사장의 역할이 지대했다. '폐허의 섬'이었던 나오시마를 문화예술로 되살리기 위한 기획에 돌입했고, 섬에 예술 작품이 하나둘 자리 잡기 시작했다. 덕분에 지금의 나오시마는 해안 선착장에서부터 예술 작품을 만날 수 있는 '예술의 섬'이 되었다.

특히 유명 건축가 안도 다다오(安藤忠雄)가 건축에 참여해 오직 나오시마에서만 볼 수 있는 새로운 공간이 조성되었다. 대표적으로 1992년에 완성된 베네세 하우스 뮤지엄(Benesse House Museum)을 들 수 있는데, '자연과 예술에 둘러싸여 휴식한다'는 콘셉트를 가진 미술관 겸 호텔이다. 주변 경관을 해치지 않기 위해 건물 대부분이 지하에 매설되어 있는 지중미술관(地中美術館)은 경이롭기까지 하다. 또한 사람이 떠난 빈집들을 활용한 '혼무라(本村) 아트 하우스 프로젝트(집 프로젝트)'를 진행해 국제미술트리엔날레를 유치하기도 했다. 이 밖에도 세계적인 작가 이우환의 미술관을 비롯해 다양한 건축물과 호텔, 뛰어난 자연경관과 예술 작품이 많은 예술가와 관광객을 불러들인다. 섬 전체가 살아있는 미술관이자 박물관의 역할을 하고 있는 셈이다.

세 번째는 중국 푸젠성(福建省) 샤먼(厦門)의 작은 섬 구랑위(鼓

浪嶼)다. 섬의 남서쪽에 있는 암초가 파도에 부딪히면서 나는 소리가 '마치 북을 치는 소리 같다'고 해서 붙여진 이름이다. 원래는 화강암으로 된 황폐한 섬으로 명나라 후기 정성공(鄭成功) 장군의 군사 거점이기도 했다. 이후 근대에는 각국의 영사관, 세관, 성당, 저택 등이 건립돼 근대 유럽 제국의 식민시기를 상징하기도 했다. 아직도 19세기 유럽풍의 영사관과 저택이 훼손되지 않고 남아 있어 '만국건축박물관'으로 불리기도 한다. 유럽풍 건물과 아름다운 자연이 어우러져, 2017년에는 세계문화유산으

1

2

1. 옛 창고를 활용한 보얼예술특구의 철도박물관

2. 나오시마의 예술작품

3

4

3. 구랑위의 서양건축물

4. 쥬얼 창이 터미널의 인공폭포

로 등재되기도 했다.

네 번째는 싱가포르의 보석으로 불리는 쥬얼 창이(Jewel Changi) 터미널이다. 2019년 봄에 개장한 쥬얼 터미널은 창이공항 T1, T2, T3 한가운데에 유리로 만든 거대한 공룡알처럼 자리하고 있다. 이곳이 불과 몇 년 만에 세계적 명소가 될 수 있었던 데는 창조적 공간이 큰 역할을 했다. 실내 40m 상공의 거대한 구멍에서 떨어지는 폭포수의 굉음을 비롯해 5층 전체의 수직 입면을 녹색으로 휘감은 2~3천 그루의 남국 정원수는 마치 거대한 휴양지를 떠올리게 한다. 2009년에 개봉된 영화 「아바타」 속으로 들어온 착각마저 들게 만든다. 이러한 부분 덕분에 창이 공항은 수년째 세계 1위 공항의 자리를 지킬 수 있었다.

나는 상상한다. 세계적인 항구도시 인프라를 갖춘 부산항으로 대형 크루즈선이 수없이 오가고, 컨테이너 크레인이 분주히 움직이고, 시대를 앞서가는 해양 기술과 시스템, 해양산업으로 인해 우수한 인재들이 몰려들고, 문화예술을 핵심으로 하는 해양관광 콘텐츠가 가득하고, 해양 분야에 대한 인문학적 사고(思考)와 논의가 활발한 그런 모습을 말이다. 부산은 모든 기반을 갖추고 있다. 해양에 대한 확신과 지속적인 노력이 필요할 뿐이다. 우리가 꿈꾸는 복합 해양도시 부산의 미래상은 그리 멀지 않은 곳에 있다.

해양경관

해양풍경의 아름다움

세계 곳곳의 아름다운 해양풍경은 수 억 년의 시간을 거쳐 완성된 것이다. 바다와 섬, 바다와 육지는 지금 이 순간에도 끊임없이 변화하고 있다. 해양풍경은 해안, 섬, 암초, 항구 등 그 자체만으로도 천연의 아름다움을 지닌다. 동시에 푸른 바다, 세찬 파도와 거센 물결, 주기적으로 발생하는 만조와 간조, 변화무상한 해상의 신기루 등은 삶에 대한 철학적 물음과 교훈을 던져주기도 한다.

미(美)에는 여러 가지 정의가 존재한다. 일반적인 의미는 '아름다움' 그 자체다. 한자로 풀이하면 '양(羊)'자와 '대(大)'자가 합쳐져 '큰 양'을 뜻하는데, '양이 크게 살찌면 맛도 좋고 아름답게 여겨진다'는 데서 비롯된다. 맹자(孟子)는 양강지미(陽剛之美)와 음유지미(陰柔之美)로도 표현한다. '강(剛)'은 비바람과 천둥 벼락이 지닌 강인한 기세를 의미하며, 유(柔)는 손가락을 편하게 감쌀 정도로 부드럽고 가벼우면서도 유연한 느낌을 의미한다. 서양에서도 위대하고, 새롭고, 신기한 것이 아름다움이라고 여겼다.

이러한 미적 기준에서 해양풍경은 다음과 같은 미적(美的) 특징을 지닌다. 첫 번째는 우아미(優雅美)다. 높은 곳에서 저녁 노을을 품어 안은 바다를 본 적이 있는가? 아름다움을 넘어 우아하다는 말이 절로 나온다. 해변을 산책하며 느끼는 잔잔한 바람과 물결, 물결 위에 반짝이는 윤슬* 또한 우아미를 자아낸다.

두 번째는 유연미(柔軟美)다. 백사장 위에서 일광욕할 때 언뜻 보이는 실루엣 같은 안개와 속삭이는 듯한 파도의 느낌 등이 해당한다. 세 번째는 장엄미(莊嚴美)다. 끝없이 펼쳐진 넓은 바다, 하늘을 때리는 듯한 거대한 파도, 해안선을 따라 겹겹이 쌓아올려진 해안절벽의 장엄한 광경은 자연의 경이로움을 느끼게 해준다. 마지막은 기괴미(奇怪美)다. 신기루, 용오름과 같은 특이한 해양현상과 독특한 형태의 해양 생물 등 자연에서 만들어진 신비로운 현상과 기괴한 모습은 묘한 감동을 준다. 일일이 열거하거

다대포의 노을
© 박수현

* 바다나 강, 호수에 햇빛이나 달빛이 비쳐 반짝이는 잔물결

나 구분하지 않았을 뿐, 해양이 가진 아름다움과 매력은 끝도 없을 것이다. 어찌 해양에 반하지 않을 수가 있겠는가?

해양경관의 인문성

인간은 해양이라는 거대하고 아름다운 자연풍경을 스스로 내면화하면서 다채로운 해양 인문경관을 창조했다. 해양 인문경관이란 여행이나 관광 등 감상을 제공하는 대상물이나, 해양 건축이나 역사적 인물의 발자취, 역사가 담긴 유적지 등 인류가 창조한 정신적·물질적 유산 모두를 포함한다. 이러한 해양 인문경관은 크게 네 가지로 분류할 수 있다.

파르테논 신전
ⓒ 라 스트라다 정

첫 번째는 해양종교로부터 탄생한 인문경관이다. 서양에서는 그리스의 아테네 신전을 꼽을 수 있다. 그리스의 수도 아테네는 그리스 신화의 중심지로 파르테논 신전, 제우스 신전, 헤파이스토스 신전 등 고대에 건축된 수많은 유적이 존재한다. 어릴 적 그리스·로마 신화에 흠뻑 빠져본 사람이라면 꼭 한번 가보고 싶은 곳일 것이다. 해변에 우뚝 선 신전은 전 세계 관광객을 불러들이는데, 그리스에서 발생하는 관광 매출 대부분이 이러한 유적에서 발생한다.

동양에서는 중국의 해양신앙이자 고대 해신(海神)인 마조(媽祖)를 꼽을 수 있다. 마조는 대만과 중국 남방의 거친 바다를 배경으로 평화와 안녕을 가져다주는 동아시아의 여신이다. 『민서』에서는 마조에 대해 아래와 같이 기술하고 있다.

> "태어날 때부터 양탄자 위를 걷듯 바다 위를 걸을 수 있어, 사람들이 용녀(龍女)라고 불렀다. 수영을 아주 잘해 해상에서 종종 조난당한 어민과 무역상들을 구조했다. 스무 살이 넘어도 시집갈 생각은 하지 않고 오로지 바다에서 조난당한 어민과 배들을 구했다. 그러던 어느 날 사람을 구조하다가 불행하게도 목숨을 잃게 되었다. 죽은 후에도 풍랑이 거센 바다에 여러 차례 나타나, 위험과 재난에서 사람들을 구해주고 파도를 진정시켜 어민과 배들을 보호했다."

마조석상

마조 사당

이러한 기록이 후세에 전해져 사람들은 마조를 자애롭고 선량한 여성으로 여겼으며, 인간이 아닌 해신으로 숭배하고 칭송하게 되었다. 송나라부터 청나라까지 700여 년간 14명의 황제가 마조에게 시호(謚號)를 하사했을 정도다. 마조 신앙은 단순히 해신으로서의 믿음을 넘어 현실 영역에까지 확장되었다. 현재까지도 마조 신앙과 관련된 고대 건축 양식의 건물과 사당 이 푸젠(福建) 일대뿐 아니라 광동과 대만은 물론 동남아 연해 곳곳에 광범위하게 보존되어 있다. 이런 고대 건축물과 옛 모습을 복원한 건축물, 그것이 자리 잡은 자연과 환경은 바다와 더불어 신비하고 장엄한 인문경관을 형성한다.

두 번째 유형은 역사적 인물과 사건이 창조한 인문경관이다. 해양문화사에 기록될 만큼 유명한 인물과 이와 관련된 사건이 후세에 끼친 영향은 지대하다. 대표적으로 중국 최초의 황제인 진시황(秦始皇)을 들 수 있다. 진시황이 신선이 되려했다는 전설은 한 번쯤 들어봤을 것이다. 이러한 전설은 진시황이 중국 동쪽 연해 지역, 예를 들어 산동성(山東省) 칭다오(青島) 인근 랑야타이(琅琊臺)를 순회할 때 남겨놓은 역사 유적에 기반하여 후세 사람들이 만든 자연적이면서도 인위적인 경관에서 비롯된 것이다. 이 외에도 서양의 유명 해양탐험가들이 세계 각지에 남겨놓은 역사 유적과 후세 사람들이 세운 기념물 등이 이러한 영역에 속한다. 역사적 인물이나 사건과 관련한 건축, 역사, 문학예술, 서예와 조각, 민속신앙 등을 한 곳에 모아 관광단지를 형성하기도 한다. 이러한 공간은 해양경관의 역사적·문화적 의미의 풍부한 아름다움을 감상할 수 있는 기회를 제공한다.

세 번째는 해양 건축, 조각, 서예와 회화 등과 관련한 인문경관이다. 해안, 섬, 암초, 항구 등지에 조성한 건축이나 조각, 서예와 회화 작품 등의 예술품은 독특한 해양 인문경관을 만들어 낸다. 부산의 '해운대(海雲臺)'라는 명칭은 통일신라 말기의 학자이자 뛰어난 문장가인 최치원(崔致遠)으로부터 유래한 것으로 알려져 있다. 최치원이 벼슬을 버리고 가야산으로 가던 중 해운대에 들렀다가 현재 달맞이공원 일대의 절경에 심취해 동백섬 남쪽 바위에 '海雲臺(해운대)'라는 석 자를 새겼다고 한다. 이러한 전설을 뒷받침할 근거로 『신증동국여지승람(新增東國輿地勝覽)』에 "신라 때 최치원이 일찍이 대(臺)를 쌓고 놀았다."는 기록이 남아 있으며, 최치원의 호(號)는 고운(孤雲)뿐만 아니라 '해운(海雲)'이기 때문이다. 이러한 예술적 창조물은 해양풍경이나 역사와 관련이 깊고, 세월이 지나며 자연스럽게 풍경과 혼연일체가 되는 모습을 보인다.

마지막으로 섬과 해안의 민속과 관련된 인문경관이다. 섬과 해안의 민속풍경이나 민속을 실현하는 주체인 사람에 해당한다. 해양민속은 그곳에 살고 있는 사람들의 삶의 모습을 투영하고 있기 때문에, 해양민속과 관련한 인문경관이 해당 지역의 해양문화를 가장 잘 드러낸다고 볼 수 있다. 이는 해양관광의 주요자원이 되기도 한다.

우리는 아름다운 해양풍경을 감상함으로써 몸과 마음이 유쾌해지고, 삶 또한 풍요로워지며 나아가 해양을 사랑하게 된다. 인공으로 만든 인문경관이라 해도 다르지 않다. 아름다움의 깊이를 아는 사람이라면 자연풍경과 동일한 느낌을 받을 것이다. 우리가 해양과 친숙해지는 가장 쉽고도 가까운 길은, 자주 해양경관과 만나는 일일 것이다.

해양관광

해양관광의 비전

우리는 바다와 함께하는 순간부터 해양풍경을 감상해왔다. 하지만 본격적인 산업화와 공업화로 인해 자연이 파괴되기 시작했다. 도시화에 지친 사람들은 점차 산과 물을 찾게 되었고, 바닷가에서의 편안하고 안락한 생활을 동경하게 되었다.

주변을 둘러보면 자연으로 돌아가길 원하는 사람이 많다. 하루에 하늘 한 번 올려다보기 어려울 정도로 바쁜 일상을 살아가는 사람이라면 더욱 그럴 것이다. 사실 자연으로 돌아가고자 하는 것은 어쩌면 인간의 본성일지 모른다. 오늘날, '인간의 정신적·신체적 상태가 회복된다'는 의미를 가진 '힐링(Healing)'이라는 단어가 유행이다. 그리고 지금은 '자연에서의 힐링'이 그 어느 때보다 절실해진 시대다.

대자연이 인류에게 선물한 보물인 해안지대의 아름다운 풍경과 인문경관은 사람들의 마음과 눈길을 끌기에 충분하다. 세계 곳곳의 아름다운 해변도시로 사람들이 몰려들었고, 해양 관광지는 독특한 품격을 갖추게 된다.

이러한 품격을 잘 갖춘 곳으로 제주도를 들 수 있다. 제주도는 우리나라 사람들이 가장 좋아하는 곳 중 하나다. 2021년 제주도의 연간 방문객은 약 1,201만 명으로 우리나라 사람 네 명

중 한 명이 다녀간 것이다. 많은 사람이 찾는 데는 여러 가지 이유가 있겠지만, 천혜의 자연으로 둘러싸여 있다는 점이 가장 큰 장점일 것이다. 제주도 내라면 어디라도 그리 멀지 않은 곳에서 푸른 바다와 주상절리, 현무암, 몽돌자갈 마당 등의 해양 자연환경을 만날 수 있다.

동해선 열차를 타고 만나는 강원도는 어떠한가? 해변의 우뚝 솟은 기암괴석과 넓고 푸른 바다는 사람들의 눈과 귀를 호강시킨다. 수많은 산지와 구릉이 울타리를 치고 있는 화강암 해안은 오랜 시간 풍화 침식 작용을 거쳐 갖가지 생동적인 형상을 보여주고 있다. 이 밖에도 해안 자연풍경과 역사 유적이 만나 더욱 값진 가치를 지니는 해양관광 특구가 전국 각지에 있다.

섬은 또 어떤가? 서쪽 끝 백령도부터 시작해 강화도, 덕적도, 대이작도, 고군산군도, 격렬비열도, 가거도, 홍도, 흑산도, 도초도, 우이도, 진도, 완도, 보길도, 생일도, 청산도, 거문도, 남해도, 연화도, 여자도, 한산도, 거제도를 거쳐 동해의 울릉도와 독도 등 섬을 둘러보자. 대한민국은 아시아에서 네 번째이자 세계에서 열한 번째로 섬을 많이 가진 나라로, 그 수가 총 3,348개에 달해 하루에 한 섬만 다닌다고 해도 9년 이상 걸린다. 해양관광의 새로운 대안이 될 만큼 풍부한 자원과 충분한 희소성을 지닌. 섬만이 가질 수 있는 독특한 풍경과 생활풍습, 삶의 형태 등은 현대인의 자연 회귀본능을 자극하기에 충분하다.

각각의 관광지는 해안경관, 항구의 볼거리를 비롯해 지리적 위치, 기후 조건, 건축 스타일 등의 면에서 서로 다른 특색을 지닌다. 매력적인 부분을 많이 가질수록 더욱 이상적인 관광지가 된다. 그러나 세상에 영원한 것은 없다. 사람들에게 더욱 매력적으로 다가가기 위해서는 친환경적인 해양관광 시설을 구축하고 관련 콘텐츠를 꾸준히 연구·개발해야 할 것이다.

세계 각국 섬 보유수

순위	국명	보유수(개)
1	스웨덴	221,800
2	핀란드	188,000
3	노르웨이	55,000
4	캐나다	52,455
5	인도네시아	17,508
6	오스트레일리아	8,222
7	필리핀	7,107
8	일본	6,853
9	영국	6,289
10	그리스	6,000
11	대한민국	3,348

제주도
© 서귀포시 홈페이지

강원도 강릉

해양 힐링

우리가 해양관광에 환호하는 이유는 바닷물, 백사장, 햇빛 등의 천연자원을 무제한 즐길 수 있기 때문이다. 해양을 종합적인 인문경관으로 구성하게 되면 피서나 휴식 등에 적합한 관광지가 된다. 바닷바람을 맞으며 해양의 아름다운 풍경을 마음껏 감상하는 것은 그 자체로 몸과 마음에 안식과 편안함을 제공한다.

남해의 섬

최근 라이프스타일의 변화에 따라 단순히 즐거움을 추구하기보다는, 지친 몸과 마음을 위로하기 위해 떠나는 힐링 여행이 대세가 되고 있다. 해변 공간에서 얻을 수 있는 바다(Sea), 모래(Sand), 태양(Sun)의 '해양 3S'는 사람들의 지친 몸과 마음을 포근하게 감싸 안아 줄뿐만 아니라 의료적 치료 효과 또한 확인되고 있다. 해양에서의 휴양을 해양 의료 또는 해양 테라피(Therapy)라 부를 수 있는 까닭이다. 해수, 해초, 갯벌을 이용한 해수 목욕, 모래찜질, 해초 일광욕 등이 여기 해당한다. 현대적 해양의료가 가장 발달한 곳은 아름다운 해변이 많기로 유명한 프랑스다. 현재 프랑스의 연해 지역에 건립된 해양 치료센터에는 연간 2,000만 명이 다녀간다고 한다.

해양관광의 매력 중 레저를 빠뜨릴 수 없다. 해양레저는 주로 젊은 층이 즐기는 영역이라고 생각할 수 있지만, 해양레저는 세대와 성별 상관없이 누구나 즐길 수 있다.

그중에서도 추천할 만한 레저는 낚시다. 한때는 특정인들의 취미로만 여겨졌으나, 최근 들어 낚시 인구가 폭증하고 있다. 예전에는 낚시 프로그램이 성인 남성들의 전유물이었다면, 지금은 남녀노소 누구나 즐기고 있다. 바다 위나 갯바위 등에서의 낚시는 아름다운 해양풍경을 감상하며 바다를 직접 만지는 쾌감도 누릴 수 있다.

낚시 인구가 늘어나며 낚시산업의 규모도 증가해 많은 경제적 효과를 유발하고 있다. 낚시와 관련한 모든 수요를 수용하기 위해 유·무형의 재화와 서비스가 생겨났고, 소비도 촉진되었다. 우리나라에서만 2018년 기준으로 약 850만 명의 낚시인들이 낚시산업에 기꺼이 비용을 지불하고 있다. 낚시인은 전국 어디나 존재하기에, 낚시가 가능한 지역의 경제에도 막대한 영향을 미친다. 현재 우리나라 낚시산업의 시장 규모는 약 2조~8조 원 정도로 추정된다.

최근 들어 낚시만큼이나 인기가 많은 분야는 항해 관련 취미 활동이다. 요트나 보트 소유자 수는 물론 항해사 자격증 취득자 수도 폭증하고 있다. 레저용 보트가 2007년에 2,400대였던 것이 2019년에는 28,900대로 늘었고, 수상레저기구 조종면허 소지자는 2021년 기준으로 21,300명에 달한다. 특히 소형 요트나 보트가 낚시에도 이용되기 시작해 더 이상 갯바위가 아닌 요트나 보트를 활용해 해상 낚시를 즐기는 시대가 되었다. 요트계류장은 부산 수영만을 비롯해 전국적으로 한강, 인천, 양양, 여수, 통영, 제주 등 10여 곳에 달한다. 요트 인구가 그만큼 늘었다는 방증이다. 아직은 관련 법규의 정비, 양식장이나 어업에 종사하는 어민들과의 갈등 완화, 건전한 해양마인드 함양 등 갈 길이 멀지만, 조만간 마이 보트(My Boat) 시대의 도래가 예감된다. 해양에 대한 대중의 관심과 효용성이 증대된 결과다.

다만 그렇게 많은 요트나 보트가 세일링(Sailing)에 나서지 않고 계류장에 매달려 있다는 점은 매우 아쉽다. 어려서부터 세일링을 배우는 문화, 선수가 아니어도 일을 하며 여가를 활용해 피나는 훈련을 거쳐 대양을 항해하는 문화가 더욱 확산되어야 한다. 국립해양박물관 야외 전시장에는 두 척의 요트가 전시되어 있다. 하나는 김승진 항해사가 210일 만에 세계 일주에 성공했던 '아라파니호'이고, 다른 하나는 3년 6개월에 걸쳐 세계 일주에 성공했던 강동석 항해사의 '선구자 2호'다.

2016년 8월부터 전시되고 있는 '아라파니호'는 우리나라 최초이자 세계에서 여섯 번째로 무동력, 무기항, 무원조 항해로 세계 일주에 성공한 요트다. 2012년 1월부터 전시되어 있는 '선구자 2호'는 1994년 1월 LA를 출항해 하와이, 사모아, 피지, 모리셔스, 케이프타운, 오키나와 등을 거쳐 1997년 6월 8일 부산항에 도착했다. 요트 세계 일주가 공식적으로 인정받기 위해서는 반드시 적도를 2회 이상 통과하고, 모든 경로를 한쪽 방향으로 통과해야 하며, 항해거리는 지구 한 바퀴 거리인 약 40,000km 이상이어야 한다. 김승진 항해사가 길이 9.2m, 무게 10t짜리 요트에 몸을 싣고 감행한 세계 일주는, 인간의 한계를 뛰어넘는 목숨을 건 모험이었다. 무동력, 무기항, 무원조 세계 일주는 결코 아무나 할 수 있는 일이 아니다.

모험에 성공한 항해사들이 칭송받는 데에는 그만한 이유가 있다. 집채 보다 큰 파도 속에 갇혀 수십 시간을 롤러코스터처럼 불쑥 솟았다 다시 내동댕이쳐지면서도 끝내 포기하지 않고 살아온 이들이 아닌가! 이런 항해사들이야말로 해양 DNA를 타고난 진정한 '해양민족의 후예'다. 강동석이나 김승진과 같은 해양인

1. 강동석의 선구자2호
2. 김승진의 아라파니호

© 국립해양박물관

이 더욱 많이 배출되길 바라는 마음이다.

바닷속 세계를 직접 둘러보고 싶다면 해저관광용 잠수정을 이용하는 것도 좋은 방법이다. 잠수정은 해저관광의 주요 아이템으로, 잠수정을 타고 해저 세계를 둘러보며 신기한 해양 동식물을 감상하는 프로그램은 세대 구분 없이 환영받고 있다. 이 밖에도 딩기요트, 스킨스쿠버, 서핑, 요팅, 비치볼, 해양체험, 해양과학교실 등도 해양관광의 주요한 아이템이다.

현대 과학 기술의 발전과 더불어 해양관광 콘텐츠도 날로 풍부해지고 있다. 예를 들어 크루즈를 이용한 세계 일주와 남북극 관광 형태는 예전이라면 상상조차 할 수 없었지만, 지금은 마음만 먹으면 할 수 있는 관광 상품이 되었다. 광활한 바다가 있는 한, 해양관광은 계속해서 발전해 나갈 것이다.

해양관광, 인류의 새로운 시장

해양관광이 하나의 독립적인 산업으로 인정받은 것은 1960년대부터이며, 이후 빠른 성장세를 보이고 있다. 해양관광이 시작된 곳은 남아메리카 카리브 지역이며 이후 유럽, 아시아, 태평양 연안 지역으로 점차 확대되었다. 오늘날 지중해 연안, 카리브해 지역, 발트해와 대서양 연안, 하와이 해안 등은 세계적인 해양관광 명승지로 손꼽힌다. 이 지역들의 해양관광업은 나름의 역사와

3. 하와이 해저관광 잠수정 ⓒ 김웅서

4. 남극 크루즈선 ⓒ 박수현

특색을 지닌다.

반면 아시아와 태평양 지역의 해양관광업은 아직 역사와 특색을 논하기에는 조금 부족하다. 하지만 이 지역에서의 해양관광업의 발전 속도는 상대적으로 빠른 편에 속한다. 특히 동남아 일대는 아름다운 자연환경과 관광시설뿐 아니라 편리한 교통 조건을 가졌다는 점이 장점이다. 이처럼 전 세계적으로 해양관광 산업이 성장하는 이유로는 해양에 대한 원초적 동경과 해양풍경의 웅장함과 기이함, 공업 문명 이후 증대된 대자연에 대한 인류의 갈망, 소득 수준 향상 및 여가 시간의 증대 등을 꼽을 수 있다.

세계 각국은 '해양의 세기'를 맞아 전략적인 차원에서 거대한 해양개발계획을 수립 중이다. 그중 해양레저를 비롯한 해양관광이 주요한 부분을 차지한다. 그렇다면 해양관광과 관련해 주요 국가별 상황은 어떨까?

미국은 명실상부한 전 세계 관광 수입 1위 국가다. 2019년 기준 미국의 총관광 수입은 2,141억 달러로 원화로 약 250조 원에 달한다. 그중 대부분이 해양관광업에서 발생한 것이라고 하니 그저 놀라운 따름이다. 미국은 태평양과 대서양을 동시에 활용할 수 있다는 장점을 가지고 있다. 매년 4,500만 명의 시민이 배를 타고 해외로 휴가를 떠난다. 낚시 인구는 연 1억 명이며, 연안 낚시용 선박만 200만여 척에 달한다. 각종 유람선은 830만여 척이며, 관광용 잠수정의 수도 계속해서 늘고 있다.

스페인은 유럽의 대표적인 해양관광 국가 중 하나다. 2019년 관광 수입이 797억 달러로 미국에 이어 2위다. 2019년에는 세계경제포럼(World Economic Forum)에서 발표한 국가 관광 경쟁력 부분에서 세계 1위에 뽑히기도 했다. 스페인의 4대 관광지는 모두 해변에 있으며, 사람들에게 지중해의 공기, 햇빛, 해수욕을 제공한다. 해양 관광지와 더불어 전국의 관광지를 연계한 관광 네트워크도 구축했다.

프랑스의 2019년 관광 수입은 638억 달러로 세계 3위이나, 방문자 수는 1위다. 2019년 세계경제포럼에서 발표한 프랑스의 국가 관광 경쟁력 수준은 스페인에 이어 2위로, 자연과 문화 자원 부분에서 높은 평가를 받고 있다. 앞서 밝혔듯 프랑스는 해양 의료관광의 천국으로 불린다.

이탈리아 역시 스페인, 프랑스와 함께 유럽을 대표하는 해양 관광 국가이다. 2019년 관광 수입은 496억 달러에 달한다. 길이 3,427km의 해안선은 천연 해양관광 자원이며, 6,000여 개의 해수욕장과 150여 개의 관광항구를 갖추고 있다. 아울러 500여 개의 해양관광 센터를 건립 중이다.

일본은 아시아의 대표적 해양관광 국가로 28,751km에 달하는 해안선을 적극 활용 중이다. 자국을 해양관광 지역으로 개발할 뿐만 아니라 태평양 일주나 세계 일주 등의 해양관광 상품도 개발 중이다. 중국 역시 14,500km의 해안선을 활용해 해저 레스토랑, 수족관, 파도 발생장치를 갖춘 대형 해양공원 등을 건설 중이다. 이 밖에도 세계 각국은 이미 해양관광 시설을 건설했거나 건설할 계획을 세우고 있으며, 그 수는 셀 수 없을 정도다. 전 세계는 이미 해양의 세기를 대비해 해양관광에 막대한 예산과 에너지를 쏟고 있다.

세계 각국 해안선 길이*

순위	국명	길이(km)
1	캐나다	202,080
2	노르웨이	83,281
3	인도네시아	54,716
4	러시아	37,653
5	필리핀	36,289
6	일본	28,751
7	오스트레일리아	25,760
8	미국	19,924
9	대한민국	15,257
10	뉴질랜드	15,134
11	그리스	14,880
12	중화인민공화국	14,500
13	영국	12,789
14	이탈리아	9.532
15	멕시코	9.330
16	인도	7,600
17	브라질	7,367
18	덴마크	7,314
19	튀르키예	7,200
20	칠레	6,435

* 국립해양조사원 해안선 통계 참조. 2022.5.31. 기준.

우리나라 역시 해양관광 산업 발전에 박차를 가하고 있다. 2020년 문화체육관광부는 외국인 관광객이 방문하고 싶은 세계적 수준의 관광도시를 만들기 위해 관광거점도시 육성 사업 대상지 다섯 곳을 선정했다. 그중 부산은 관광 기반시설이 가장 우수하고 우리나라의 새로운 관문도시 기능을 담당할 잠재력을 인정받아 '국제관광도시' 지원 사업에 선정되었다. 그로 인해 정부로부터 5백억 원과 지방정부 차원의 자체 예산 1천억 원 등 막대한 자금을 투입해 국제관광도시의 면모를 만들어 가겠다고 선언했다. 시민의 한 사람으로서 무척이나 뿌듯하면서도 자랑스러운 이야기가 아닐 수 없다. 다만 뜨거운 이상이 차가운 현실과 조화를 이루어 나가기 위해 선결해야 할 과제가 많다.

부산시는 국제관광도시 조성에서 '해상관광 활성화'를 핵심에 두고 있다. 특히 부산 도심과 해안 관광지를 연결하는 해양관광 루트를 조성해 해양관광 콘텐츠를 다양하게 제공하겠다고 밝혔다. 아울러 부산 도심을 관통하는 해양교량을 연계해 관광 상품화하는 이른바 '세븐브릿지' 사업도 추진 중이다. 부산 소재 광안대교, 부산항대교, 영도대교, 남항대교, 을숙도대교, 신호대교, 가덕대교 등 7개의 해양교량을 이어 달리게 함으로써 부산의 해안풍광을 충분히 느낄 수 있도록 하겠다는 것이다. 부산의 강(江) 중 바다에 인접해 해양레포츠와 연계할 수 있는 '수영강'을 관광 자원화하겠다는 계획도 가지고 있다. 수영강은 부산의 관광 거점인 벡스코, 영화의 전당, 신세계 백화점 등과 인접해 있어 집객 효과를 누릴 수 있으며, 수영강 일원의 여러 교량 역시 새로운 랜드마크로 시너지를 발휘할 수 있을 것이다.

부산이 가지고 있는 해수욕장, 요트계류장, 해양크루즈, 대형 수산시장, 해산물 먹거리 등 기존 관광 상품에 위와 같은 새로운 관광 콘텐츠가 더해진다면, 부산은 명실상부 해양관광의 메카로 거듭날 수 있을 것이다.

부산의 해양크루즈
© 팬스타

해양관광과 인문학의 결합

각국에서 이토록 해양관광에 힘을 쏟는 이유는, 해양관광업이 향후 해양산업을 선도해갈 분야라는 점을 알고 있기 때문이다. 이러한 근거는 해양관광업이 지닌 네 가지 장점에서 비롯된다.

첫 번째로, 해양관광업은 무역에 비해 외화가득율*이 높지만, 관세 장벽은 거의 없어서 곧바로 외화 수입 증대로 이어진다. 각국의 주요 해양 관광지는 내국인만큼이나 외국인의 접근성이 뛰어나다. 두 번째로, 해양관광은 소비 수준이 비교적 높은 복합 소비 활동에 속한다. 일상적인 소비보다 자금 회수가 훨씬 빠르며, 화폐 조절과 물가 안정화 기여도도 매우 높다. 한 예로 미국의 여행관광 분야에 대한 지출은 의류와 차량 구입에 들인 지출을 넘어섰으며, 그중에서도 해양관광 분야의 지출이 대부분을 차지한다. 세 번째로, 해양관광업은 기타 산업과 관련성이 비교적 높은 산업이다. 먹거리, 놀거리, 볼거리, 살 거리, 즐길 거리, 잠자리 등의 6대 요소를 모두 포함하기 때문이다. 이 요소들의 수요는 식품업, 조선업, 금융업 및 기타 서비스업 등 관련 산업의 발전을 이끈다. 이는 자연스럽게 직간접적인 일자리 창출로까지 이어진다. 마지막으로, 인간은 본질적으로 아름다움을 추

* 특정 기간 또는 특정품목의 수출 금액에서 수출품의 제조를 위해 지불한 금액을 차감한 잔액의 비율.

구하는 존재다. 해양을 통해 아름다움을 감상하는 능력과 다양한 상상력을 기른다면 인류 문화는 더욱 풍요로워질 것이다.

이러한 해양관광업이 지속적으로 발전하기 위해서는 기업, 정부, 해양문화계, 학계 공동의 관심이 필요하다. 또한 건전하고 균형 있는 발전을 위해서는 무엇보다 해양관광 경제와 문화의 발전이 동시에 진행되어야 한다. 만일 문화를 제외하고 경제적인 부분만 바라본다면, 일시적인 이익을 얻을 수야 있겠지만 지속가능한 성장은 불가능할 것이다. 해양관광의 '해양문화적' 속성을 왜곡하거나 변형시켜서는 안 되는 이유다. 그러한 점에서 인문주의적 비전 제시가 절실하다. 특히 해양관광 발전과 개발은 융합적 시선으로 접근해야 한다. 역사학, 민속학, 인류학, 해양학 등 관련 학문 분과의 종합적이고 입체적인 연구 개발이 필요하다.

해변도시, 섬, 어촌 등 세계의 모든 해안 지역은 풍요로우면서도 찬란한 해양문화를 보유하고 있다. 해양역사와 해양민속 등도 해양관광 산업 발전에 폭넓은 문화적 자원을 제공했다. 이러한 자원에 대한 지속적인 발굴 및 활용 의지만 있다면, 앞으로도 해양문화 자원은 해양관광 산업의 무한한 가능성이 되어 줄 것이다.

해양환경

지속가능한 해양생태환경

지구는 자원과 식량의 보고(寶庫)다. 산업혁명 이후, 공업화가 본격화된 시기에 각국은 육지의 자원을 조금이라도 더 확보하기 위해 무한경쟁을 벌였다. 그 결과 부의 증대는 이뤘으나 동시에 육지 환경은 심각한 타격을 입었다. 육지 자원의 고갈과 한계로 각국이 해양자원 개발로 눈을 돌리면서 해양에 대한 개발이 본격화되고 있다. 해양에서는 매일 보이지 않는 전쟁이 치뤄지고 있다. 해양의 세기인 오늘날, 우리는 해양환경을 어떻게 바라보고 어떻게 위기에 대처할 것인가?

해양환경이란 인류 생존과 발전에 영향을 미치는 자연 또는 인공적으로 조성된 모든 해양자연 요소를 포함한다. 예컨대 바닷물, 해저의 흙, 해양생물, 비생물 자원, 간석지, 해안, 해양자연유적, 인문유적, 해안경관, 명승지 등이 여기에 해당한다. 해양환경은 인류 생존의 중요 구성 부분으로서 다음과 같은 특성을 지닌다.

첫째는 '총체성'이다. 해양은 지구상에 넓게 퍼져 연속된 물덩어리다. 해양환경의 각 부분과 요소는 총체적으로 구성되어 있으며, 하나의 완전한 유기체다. 둘째, '지역성'이다. 해양환경을 조성하는 요소들의 구조 방식이나, 물질 에너지가 지닌 움직임의 규모 및 경로 등은 상대적 특수성이 존재한다. 셋째는 '변동성'이다. 특히 화산폭발, 지진, 해일, 태풍, 오존층 파괴 등의 자연 요소는 해양환경 변화를 불러일으키는 중요한 요소다.

마지막은 '조절성'이다. 해양환경은 일정한 자기조절 능력을 갖추고 있다. 해양은 자체적으로 물리적, 화학적, 생물학적 작용을 통해 그 속에 투입된 오염물의 농도를 점차 감소시킬 수 있는 능력을 갖추고 있다. 이른바 '해양의 자정능력'이다. 이러한 자정능력은 해양생태계를 구성하는 동식물의 치유에도 관여한다. 인류가 해양을 통해 치유되는 것도 이러한 자정력 때문일 것이다. 다만 자정능력이나 치유의 힘이 원활히 작동하려면 해양에 대한 인류의 간섭이 일정 한도를 초과하지 않아야 한다.

해양환경을 해치는 유형으로는 크게 해양환경 오염과 해양생태 파괴 등 두 가지 요인을 들 수 있다. 해양환경 오염은 인류가 직·간접적으로 오염물질 또는 에너지를 해양환경 속으로 끌어들이거나, 해양생물 자원을 해치는 것, 인류의 건강을 위협하는 것, 어업과 기타 각종 해양활동을 방해하는 것, 환경의 아름다움을 감소시키는 것 등이다. 해양생태 파괴는 자연의 생태 규칙을 어긋나게 하는 것, 눈앞의 성과나 이익 추구로 해양자연 자원을 막무가내로 개발하는 것, 자연 자원에 대한 인위적 파괴나 생물종의 멸종 등이 여기에 해당한다. 이러한 현상 대부분은 인간의 욕망으로 인해 벌어지며, 그 피해 역시 인류에게 고스란히 돌아온다. 인류가 경각심을 가져야 하는 이유이다.

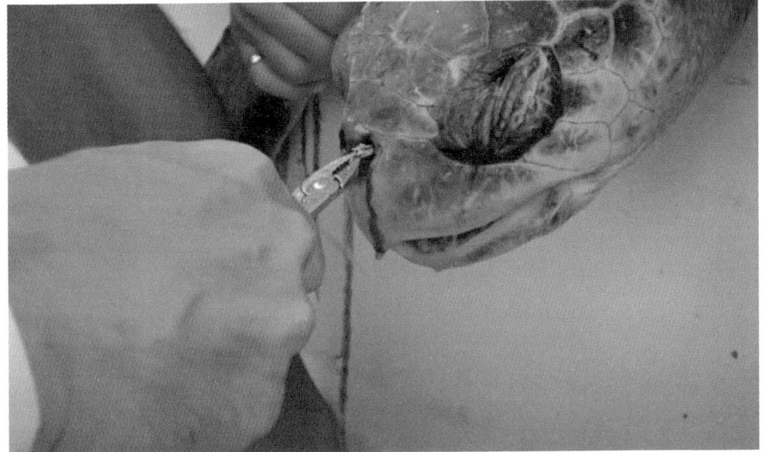

1 2 3

1. 그물에 걸려 죽은 돌고래

2. 어획으로 훼손된 산호초

ⓒ 김웅서

3. 코에 빨대가 박힌 거북이

ⓒ Sea Turtle Biologist

해양환경 보호의 이유

인간과 해양이 오래도록 공존하기 위해서는 해양환경을 보호하려는 노력이 반드시 필요하다. 해양환경 보호란 현실적 혹은 잠재적 해양환경 문제를 해결하고, 인간을 포함해 모든 지구 생물의 생존과 발전을 유지하기 위해 수행하는 구체적인 실천 활동을 의미한다. 해양환경 보호를 위해 우리는 해양오염 및 파괴 방지, 해양생물 자원의 지속가능한 활용과 해양생물의 유전적 종(種)다양성 보장, 해양생물을 활용한 생산품의 안전한 위생 보장, 자연·인문적 경관 보호 등을 실천해야 한다. 나아가 인간의 건강과 지속적인 경제발전이라는 최종 목표를 지닌다.

해양환경 보호에는 기본 원칙과 임무가 존재한다. 무작정 환경을 보호한다고 생각하면 별다른 변화가 이루어지지 않는다. 우리는 이미 그러한 상황을 오랫동안 지켜봤다. 기본만 지켰다면 최소한의 효과라도 거둘 수 있었을 텐데 말이다.

기본 원칙으로는 경제 발전과 환경 보호의 상호 협력, 자원 개발과 보호, 환경의 질에 대한 정부의 책임 등이 해당한다. 기본 임무는 크게 다음과 같은 몇 가지를 들 수 있다.

첫째, 해양자원과 해양환경의 지속가능을 위해 자원을 합리적으로 개발하거나 이용하며, 환경 오염과 생태 파괴를 예방해야 한다. 둘째, 사람들의 건강을 보장하고 해양환경의 질적 개선을 위해 안전하고 깨끗하고 아름답고 쾌적한 해양생태환경을 조성해야 한다. 셋째, 해양환경 보호와 경제 건설의 조화에 근거해 해양생태환경 보호와 동시에 해양산업과 경제를 발전시켜야 한다.

인류 생존의 첫째 과제는 먹고 사는 문제다. 이것은 시대가 흘러도 변하지 않는 원칙이다. 이러한 가치가 어느 정도 실현되면 환경에 대한 사람들의 요구는 갈수록 높아질 것이다. 해양생태환경과 생활환경 문제는 결코 단기적인 시각으로 접근해선 안 된다. 장기적 관점에서 프로그램을 운영하고, 사회시스템을 재구축해야 한다.

시스템 구축은 크게 해양환경 관리, 해양환경 건설, 해양환경 문화 등 세 분야로 나눠 계획하고 진행할 수 있다. '해양환경 관리'를 위해서는 법률·행정·경제·교육 등 여러 수단을 동원해 감독하고 통제해야 한다. '해양환경 건설'은 각 지역 및 단위에서 해양환경에 유리한 영향을 끼친 경제 기술을 적용해야 한다. 선박과 해상에 설치된 오염방지 설비를 비롯해 연해도시의 오수처리와 관련된 위생시설을 건설해야 한다. '해양환경 문화'는 문화예술과 과학 기술을 통해 해양에 대한 인식을 긍정적으로 전환하고, 인간과 해양의 관계를 조정하는 것이다.

이러한 문제의식을 종합적으로 고려해 2021년 10월, 해양수산부는 「제2차 해양환경교육 종합계획(2021~2025)」을 수립·발표했다. 해양환경에 대한 국민의 인식을 높이고 해양환경 보전을 위한 실천을 촉구하고자 마련한 시스템으로 볼 수 있다. '모든 국민이 함께 배우고 즐기는 건강한 바다'라는 비전 아래 '3대 분야 11대 추진 과제'를 제시했다. 3대 분야는 학교 해양환경교육 활성화, 사회 해양환경교육 활성화, 해양환경교육 기반 구축 등이다.

10대 추진 과제는 초중등학교 해양환경교육 활성화, 해양수산고등·대학교 해양교육지원강화, 학생대상별 교재개발·보급, 해양환경교육 교원역량 강화, 사회해양환경교육 프로그램 지원, 일반인 대상별 교재개발·보급, 사회해양환경교육 전문가양성 및 운영, 해양오염방비관리인 교육 운영지원, 국가해양환경교육센터 지정·운영, 해양환경가치홍보 강화, 해양환경교육 제도·운영 기반 강화 등이다.

최근 이슈가 되는 해양 탄소중립 및 해양 미세플라스틱과 쓰레기 문제도 중점적으로 교육해야 할 것이다. 물론 이 계획도 수정 보완이 필요한 부분이 있겠지만, 이렇게 한 발자국씩 나아간다는 데 큰 의의가 있을 것이다.

연장선에서 해양환경공단(KOEM)의 산하 기관인 국가해양환경교육센터를 활용하는 것도 좋은 방법이다. 해양환경공단은 해양환경의 보전과 이용을 전담하는 기관으로, 해양환경의 보전, 관리, 개선을 위한 기술 개발과 교육 훈련 사업을 수행한다. 교재 개발과 강사 양성을 비롯해 해양환경 관련 교육전문가로 구성된 강사진을 전국 초·중·고등학교 등에 파견해 교육을 수행하고 있다. 교육을 희망하는 기관이나 개인이 단체는 물론 개별로도 신청할 수 있어, 접근성이 매우 높은 편이다.

해양환경은 현재의 인류가 미래 후손에게 허락 없이 빌려 쓰고 있는 것이다. 허락 없이 빌려 쓴 물건은 훼손되지 않은 온전한 상태로 주인에게 다시 돌려줘야 한다. 그것이 현 인류가 지녀야 할 최소한의 예의이자 의무일 것이다.

해양산업

해양에 대한 무한도전

해양산업의 발전 여부는 각 국가가 해양에 투입하는 관심과 노력의 정도에 달려있다. 해양을 알지 못하고 행하는 노력은 시도 자체가 무의미한 일이다. 이미 각국에서는 해양의 중요성을 인식하고 해양의 세기를 준비하고 있다. 이러한 노력은 해양산업에 직접적인 영향을 미친다.

일본은 오래전부터 해양대국으로 불려왔다. 이미 오래전부터 해양에 관심을 기울였고, 그에 관련한 이론적 틀 또한 상당한 수준이다. 그중에서도 『문명의 바다로』, 『해양국부론』 등을 저술한 가와가츠 헤이타(勝川平大)는 일본이 해양국가로의 나아갈 것을 주요한 정책 비전으로 제시한다. 그를 기점으로 수많은 학자들이 해양의식의 중요성과 해양개발을 통한 국가발전과 번영을 지속적으로 주장해오고 있다.

일본은 오랫동안 해양 및 해양 정책에 대한 연구·개발을 해왔다. 2001년부터 일본재단(The Nippon Foundation)이 주관해 「종합적 해양 관리에 관한 조사 연구(總合的海洋管理に關する調査研究)」 등의 프로젝트를 추진했다. 이후에는 「21세기에 있어서 일본 해양 정책에 관한 앙케트 조사보고서(21世紀におけるわが國の海洋政策に關するアンケ-ト調査報告書)」, 「해양과 일본-21세기에 있어서 일본 해양 정책에 관한 제언(海洋と日本-２１世紀におけるわが國の海洋政策に關する提言)」 등의 기획연구 결과를 내놓는다. 이를 통해 한국, 미국, 캐나다, 프랑스 등의 해양 정책에 관한 정밀조사도 수행했다. 동시에 「해양성 레크레이션 이용에 의한 커뮤니티 활동 등의 진흥(海洋性レクリエ-ション利用によるコミュニティ活動等の振興)」, 「해양·선박의 실정조사 및 연구(海洋·船舶の實情調査及び硏究)」 등의 프로젝트를 추진했다. 해양 전반뿐만 아니라 산업 측면의 발전도 염두에 둔 것이었다.

이러한 실천이 선행되어 21세기 일본은 '생산적 해양 정책'을 기획했다. 이는 해양산업의 가속화를 통해 해양을 둘러싼 세계 주도권 경쟁에서 승자의 자리를 선점하려는 목적을 가진다. 특히 일본은 자국뿐 아니라 주변국의 해양 정책 등에도 지속적인 관심을 쏟았다. 타국의 장점은 흡수하고, 부족한 점은 개선해 받아들이는 것이다. 2005년 요미우리신문(讀賣新聞)은 「05년 국가전략을 생각한다」라는 24회 시리즈 기획물을 발표했다. 대한민국의 해양 정책과 해양 조직 등을 상세히 소개한 이 시리즈물을 통해 일본은 한국의 해양수산부와 유사한 조직을 건설할 것을 사회적으로 공론화했다. 그 결과 2007년에 「해양기본법」을 발효하고 '종합해양정책본부'가 출범하기도 했다.

해양으로 시선을 돌리는 중국

중국은 국가가 탄생한 이래 줄곧 육지에 사고의 초점을 맞춰왔던 대표적인 대륙 국가다. 앞서 소개한 정화와 같은 위대한 인물이 중국의 해양적 사고에 큰 영향을 끼쳤음에도 불구하고, 넓은 대륙을 가진 국가로서 지리적 선택은 늘 해양이 아니라 대륙이었다. 그러한 중국이 이제는 본격적으로 해양으로 시선을 옮기고 있다.

1989년 중국 전역의 지식인 사회를 강타한 사건이 있었다. 상해 TV에서 만든 다큐멘터리 6부작 「하상(河殤)」의 방영이 그것이다. 전통적으로 용(龍)과 황토(黃土)는 중국인이 자부하는 전통문화의 상징과 같다. 그런데 「하상」은 용과 황토로 대표되는 '땅의 문명'이 현대 중국을 낙후와 정체의 늪으로 빠트린 결정적 원인이라 주장하며 비판의 날을 세웠다. 그러면서 '청색성(Blueness)', 즉 친해양적 사고야말로 중국을 도약시킬 수 있는 유일한 대안이자 희망이라 주장했다. 해양을 통한 새로운 미래에 대한 희망을 가능케 하는 '청색 해양문명'을 강조했다. 이러한 주장은 당시 중국으로서는 획기적인 관점을 넘어 반정부적 화두로 여겨지기까지 했다. 왕루샹(王魯湘) 등 다큐멘터리 제작에 관여했던 관계자들은 정부의 수배를 피해 도피 생활을 하는 처지가 되었으니 말이다.

그런데 다큐멘터리 방영 이후 상황은 급변했다. 중국은 서서히 눈을 돌려 해양 정책을 공고화하는 동시에 해양 연구 개발에 박차를 가했고, 해양산업에도 본격적으로 투자하기 시작했다. 이후 「중국 해양 21세기 의정서(中國海洋21世紀議程)」, 「중국 해양 사업의 발전(中國海洋事業的發展)」 등의 보고서를 발표하며 해양강국으로서의 정책적 토대를 확보했다. 중국 중앙정부 산하의 '국가해양국해양발전전략연구소(China Institute for Marine Affairs)'를 거점으로 해양산업, 해양법, 해양환경 등 해양에 관련된 모든 국가사업을 현재까지 고강도로 이어오고 있다. 그 결과 탄생한 것이 시진핑이 추구하는 '일대일로'의 신해양 실크로드 사업이라 해도 과언이 아니다.

한국의 길

일본과 중국은 해양산업의 발전을 위해 해양에 막대한 관심과 투자를 진행하고 있다. 그에 따른 성과는 현재보다, 미래에 더 큰 성과가 돌아올 것이 분명하다. 그렇다면 현재 우리나라의 해양산업은 어떤 상황일까?

해양수산부가 정한 해양산업이란 「해양수산발전기본법 제3조」에 의거해 해양공간을 기반으로 이루어지는 활동(해양기반형 활동) 또는 해양기반의 활동으로부터 파생된 생산·서비스를 제공하는 활동(해양연관형 활동)과 관련한 산업을 말한다. 구체적으로 해양기반형 활동은 해양 자원을 채취·활용하거나, 해양 공간의 이용 또는 해양환경 보호와 관련한 활동으로 어업, 해양 광업, 해양신재생에너지산업, 해양토목·건축업 등을 예로 들 수 있다. 해양연관형 활동은 해양 활동에 투입재를 공급하거나, 해양 이용과 보호 활동에 필요한 기반서비스를 제공하는 것을 말하는데 수산물가공업이나 유통업, 해양바이오산업, 해양플랜트 산업 등을 들 수 있다.

한국은 삼면이 바다로 되어 있는데, 이는 해양을 연구·개발함에 있어서 매우 유리한 조건이다. 부산과 인천 등 뛰어난 해양도시를 가지고 있고, 조선업은 세계적 수준을 유지하고 있다. 그러나 애석하게도 겉으로 보이는 것과 달리, 일본과 중국에 비해 내실은 충분히 다져져 있지 못하다. 여러 여건상 내륙 중심의 국가 발전이 우선적으로 이뤄져야 했기 때문에 해양에 관한 시선과 관심은 상대적으로 부족할 수밖에 없었을 것이다. 다만 해양의 세기로 나아가고 있는 지금, 과거의 정책만 답습할 수 없다는 성찰과 변화는 반드시 필요할 것이다.

이제부터 우리는 육지에서 해양으로 관점을 전환하고, '해양 한국'을 만들기 위한 기획을 진행해야 할 것이다. 우선 역사나 사상에서 기인한 해양에 대한 부정적 인식부터 벗겨내야 한다. 서구가 보여줬던 약탈적이고 강압적인 모습을 답습해서는 안 된다. 21세기 해양은 더 이상 약소국을 침탈하는 강대국의 통로가 되어서는 안 되기 때문이다. 잘못된 과거를 반복하는 것만큼 어리석은 일은 없다. 우리나라에 적합한 해양산업 발전 전략, 세계 해양환경이나 국가에 대한 분석과 연계, 전 지구적으로 지속가능한 해양 활용을 위한 연구와 기획이 필요한 시점이다.

해양산업 분류표*

	산업영역	구체 분야
1	조선해양플랜트	선박/해양플랜트 산업, 해양 O&M, 해양구조물
2	해양 자원	해저광물 자원, 석유가스 자원, Gas Hydrate, 해양심층수,해양골재개발, 해수담수화
3	해양에너지	파력, 조력, 조류, 해상력
4	해양물류항만	해운산업, 항만산업, 선박관리산업
5	해양생물	수산/양식, 식품/가공, 해양바이오(신소재, 바이오에너지)
6	해양서비스	해양안전(구조), 해양공공서비스(모니터링), 해양 연구개발
7	해양환경	온실가스처리(이산화탄소해중저장), 해양쓰레기, 해양환경관리업
8	해양관광레저	해양레저스포츠(마리나 포함), 해양생태관광, 연안크루즈관광, 해중공원, 요트산업

* 『한국공학한림원 해양산업분류 2030』.

해양산업의 발전을 위해서는 먼저 이론적인 연구가 선행되어야 하며, 이를 지원할 수 있는 기관이나 단체의 협력이 필요하다. 단순히 연구와 개발에만 매달릴 것이 아니라, 이러한 발전이 '왜' 필요한 것인지 늘 자문해야 한다. 여기서 필요한 것이 자연과학적 인식과 조화를 이루는 '미래지향적이고 인문학적인 해양인식'이다. 이러한 인식을 갖기 위해 우리는 문화의 눈으로 바다를 바라보아야 한다. 해양을 둘러싼 무한경쟁에서도 해양과 인간이 '윈-윈(Win-Win)'하며 지속가능 발전할 수 있는 유일한 길은 바로 여기에 있다.

산업은 출발점이 다를 수밖에 없다. 우리나라는 일본, 중국 그리고 세계적인 해양 국가에 비해 출발이 늦은 편이다. 먼저 출발한 사람이 앞서갈 확률이 높지만 늦게 출발했다고 해서 뒤쳐질 이유는 없다. 이제라도 바른 정책을 세워 정진하는 자세로 나아간다면, 세계의 해양국가와 경합을 벌이는 것도 가능할 것이다.

4. 해양인문학을 위하여

해양문화연구

해양문화의 중요성

미래 인류 문명이 나아갈 길은 해양이다. 국제사회는 해양과학기술과 해양산업의 발전을 추구하며, 이와 동시에 해양문화 진흥에 주목하고 있다. 이러한 시대적 상황에서 새롭게 발전하는 학문 영역이 바로 '해양문화학'이다.

지구 표면적의 71% 이상을 차지하는 해양을 지속가능하게 활용하기 위해서는, 해양문화의 개념이 확립되어야 한다. '해양의 세기'라는 말이 경제관련 전문가의 전유물이 되게 해서는 안 된다. 황금알을 낳는 거위의 배를 갈라 알을 꺼내는 식의 해양 이용도 막아야 한다. 해양의 올바른 활용을 위해 '해양의 인문화'를 구현해야 한다. 해양 정책은 해양문화라는 인문적 의식과 사회제도 그리고 시민적 생활양식 위에 존재한다. 해양문화에 대한 이해, 해양 의식의 정의와 해양 관념의 강화를 통해 올바른 해양 정책을 마련하고, 법치에 근거해 해양 관리를 실현해야 한다.

해양문화에 관해서는 계속 논의가 진행 중이나, 현재까지 크게 세 가지 형태나 범주로 정의할 수 있다. 해양문화는 먼저 해양에 대한 인류의 인식 및 사상으로부터 생성된 경제구조, 의식주, 풍습, 언어, 예술 형태를 포함한 총체적 성과로 본다. 두 번째는 '해양+문화'의 의미로, 바다와 육지가 접한 경계 지역에서 살아가는 사람들이 '생산과 교류 과정에서 창출'한 문화예술이나 과학 기술 등을 뜻한다. 마지막은 항해나 해양과 관련된 신화, 풍속, 해양과학 등을 포함한 인류의 창조물이다.

오랫동안 인문사회과학 영역 대부분이 육지에서 전통을 찾았던 만큼, 상대적으로 해양은 주목받을 기회가 없었다. 하지만 해양문화는 대륙문화를 내포하면서 뛰어넘는다. 이러한 근거는 해양문화의 특징에서 드러난다.

첫 번째 특징은 '섭해성(涉海性)'이다. 인류가 해양과 맺어 온 관계성을 중시하며, 'Blueless(反해양성)'에서 'Blueness(親해양성)'로의 전환을 의미한다. 여기서부터 친해양적인 인간사회가 형성된다. 두 번째는 '상호연동성'이다. 인간은 배를 통해 지역과 지역 간의 문화를 교류했다. 이러한 과정에서 문화 접변과 상호 학습이 이루어졌다. 셋째는 상업성과 영리성이다. 전통사회에서는 '농사를 귀히 여기고 상업을 천시[貴農賤商]'했다. 하지만 시간이 지나 배와 항구 그리고 해운을 통한 무역이 활성화되면서, 상업을 통한 비즈니스를 하지 않고서는 부를 창출할 수 없게 됐다. 이러한 사실은 유럽 선진국들의 성장과정이 증명한다. 네 번째는 개방성과 모험성이다. 대항해와 지리의 대발견은 인류사회의 대전환을 가져왔다. 유럽의 대항해가 없었다면 오늘날의 국제관계는 형성되지 않았을 것이다. 세계는 대양과 대양을 탐험하는 인류의 모험이 이룩한 결과이기 때문이다. 마지막은 심미성이다. 해양의 광대한 경관은 인류의 창조적 활동에 강렬한 영향을 미쳤다. 자유를 숭상하고, 강력한 모험과 도전 의식을 추구하고 사랑과 격정을 구가하는 해양적 성정은, 문학, 미술, 음악, 무용, 영화 등 다양한 예술 장르를 통해 구현되었다.

해양문화 연구 방법

우리가 해양문화를 연구하는 이유는 해양문화의 본질을 중심으로 한 현상과 법칙을 파악하고, 나아가 체계적이고 심도 있는 분석과 적용을 통해 인류 문명 발전에 기여하기 위해서다. 이러한 목적을 달성하기 위해선 해양문화에 대한 연구가 필요하며, 일정한 단계적 절차를 밟아야 한다.

먼저 연구 과제의 준비와 선택이 필요하다. 중심 의제가 명확한 과제 선택이 중요하다. 과제 선정에는 시급성, 전문성, 구체성 등의 기준이 필요하며, 연구 과제 및 목적을 설정한 뒤 선행연구를 검색해야 한다. 연구과제나 목적에 따라 진행 방법은 달라질 수 있으므로, 이에 적합한 연구 계획 수립이 필요하다. 계획 수립을 완료한 뒤, 본격적으로 주제와 관련한 자료 수집을 진행한다. 관련 현장답사를 통해 1차 자료를 수집하고 문헌 자료, 역사 자료, 관련 저서 및 논문 등을 면밀하게 확인한다. 자료 수집은 크게 경제생활, 사회민속, 신앙풍습, 민간예술 등으로 구분해 진행한다. 이러한 구분은 모든 학술연구에 통용되는 방법이다.

'경제생활'은 주거, 생업, 시장, 의식주 등을 포함한다. 주거는 촌락 형성의 원인, 생산 및 가공방식, 금기 항목 및 유관 전설 등이 해당되고, 생업은 생산과 소비, 상품교환, 신앙과 관련된 집단의 성격 등이 해당된다. 시장은 5일장이니 7일장이니 하는 교역의 날짜 규정, 교역물품의 종류, 교환방식 등을 다루어야 하고, 의식주는 전통 거주방식, 현지 음식의 명칭과 식사법 등이 해당된다. 일반적인 사회학적 조사방법론을 준용해 연구에 임하면 될 것이다.

사회민속은 친족체계, 관혼상제, 교류 방식, 세시풍속 등으로 나뉜다. 친족체계는 가족의 유래, 신분에 따른 호칭법 등이 있으며, 관혼상제는 지역별 관혼상제 풍습 등이 해당된다. 교류 방식은 마을 사람들과의 왕래, 외지인과의 관계 등이 있으며, 세시풍속은 민간 전통 명절에 이뤄지는 현지인의 다양한 행사방식 등이 해당된다.

신앙풍습은 전통신앙, 미신과 점괘, 토착종교 등에 대한 연구를 포함한다. 전통신앙은 자연물에 대한 숭배와 제사, 토템숭배의 흔적 등이 있으며, 미신과 점괘는 자연현상과 각종 생물을 징조로 삼는 미신, 꿈에 대한 미신과 해몽 등이 해당된다. 토착 종교는 무속인의 명칭과 도구, 미신 활동이 초래한 결과 등이 해당된다.

민간예술은 민간 구비문학, 민간미술과 공예, 민간음악과 무용, 민간오락 등으로 나뉜다. 민간 구비문학으로는 신화와 전설, 속담과 수수께끼 등이 있으며, 민간미술과 공예는 현지의 유명한 민간미술과 민간미술품의 재료와 제작 과정 등이 여기에 해당된다. 민간음악은 무용, 민속악기, 춤의 종류와 형태가 있으며, 민간오락은 장기와 바둑, 놀이의 종류와 활동 방식 등이 해당된다.

이러한 해양문화를 범주화하고 체계를 잡아 학문화한 것이 바로 해양문화학이다. 해양문화학은 해양문화에 대한 학습과 이해에 목적을 둔다. 해양문화학의 영역은 해양의 지리, 지형, 생태 등의 인문적 고찰을 비롯해 해양과 관련한 문화 계승, 해양문화와 대륙문화의 관계 등을 포함한다. 해양문화학은 해양문화를 바라보는 시각에 따라서 사회경제적 시각, 포용문화적 시각, 해양문화적 시각, 해양민속문화적 시각 등으로 나뉠 수 있지만, 다양한 방법론 중 하나 또는 복수를 선택해 적용하면 된다.

최근 들어 학계 전반으로 해양문화에 대한 연구가 이루어지고는 있으나, 여러모로 부족한 게 현실이다. 앞으로 우리 문화 속에 잠재된 해양문화 요소에 대한 보다 깊고 진지한 연구 조사 및 학문적 이론 확립이 필요하다. 해양문화의 다양한 특성에 기초해 해양문화학을 하나의 독립 학문분과로 세울 필요도 있다. 무엇보다 해양문화학은 특정 대상이나 분과학문을 넘어, 인류문화와 더불어 총체적으로 이해할 때에야 진정한 가치를 발휘할 수 있을 것이다.

해양교육

해양교육의 현재

해양과 해양산업의 중요성은 날로 높아지고 있다. 자원과 환경뿐만 아니라 경제적인 면에서도 마찬가지다. 우리나라 해양경제 규모는 2013년 약 81조 원에서 2021년 113조 원까지 성장했다. 전 세계적으로 볼 때는 2010년 약 1,719조 원에서 2030년에는 약 3,439조 원까지 성장할 것으로 예상한다. 해양은 새로운 부가가치 창출의 블루오션이다.

이러한 상황에서 해양문화가 성숙한 발전을 이루기 위해서는 해양교육이 필수적으로 이루어져야 한다. 올바른 해양교육은 해양적 소양을 지닌 시민을 양성하고, 해양에 대한 올바른 인식을 갖출 수 있게 해준다. 또한 해양과 관련한 문제해결 능력을 키울 수 있으며, 해양에 대한 친밀감도 훨씬 더 느낄 수 있다.

해양교육의 필요성에 대한 인식과 더불어, 어떻게 교육할 것인가 또한 중요하다. 현재 우리나라 해양교육은 대부분 교육부가 아니라 해양수산부 산하에서 진행되고 있다. 2002년부터 해양교육 시범학교를 운영 중이며, 매년 20개 학교를 선정해 2년씩 지원하고 있다. 2019년 기준 273개 학교가 시범학교로 지정되었다. 2014년에는 해양교육 활성화방안을 수립했으며, 2017년에는 해양교육 5개년 종합로드맵이 수립·발표되었다.

특히 한국해양수산개발원(KMI)은 해양교육 교재개발에 초점을 맞추어 왔다. 2010~2015년도에는 교사용 지도서를 만들었으며, 2016년에는 중학교 자율학기 해양교육 교재를 개발해 전국의 학교에서 수업에 활용 중이다. 한국해양재단과 한국해양과학기술원(KIOST) 역시 해양교양서적 및 해양과학도서 시리즈를 발간했다.

2019년 「해양교육 및 해양문화의 활성화에 관한 법률」이 제정돼 정식 발효됨에 따라, 해양수산부는 「제1차 해양교육 및 해양문화 활성화 기본계획(21~25년)」을 수립·발표했다. 제1차 기본계획에서 해양수산부 산하 관련 기관에 범국민 대상 공익 해양문화 체험프로젝트를 지정·고시했다. 이에 따라 등대 체험은 국립등대박물관에서, 남북극 체험 및 탐사는 극지연구소에서, 다문화가정 및 소외계층의 바다 체험은 한국해양재단이, 역사인문 자원을 활용한 해양역사문화 저변 확대는 국립해양박물관이 맡게 되었다. 특히 국립해양박물관에는 '조선통신사의 길' 재현과 남해권 해양문화 교육 진행 등의 미션이 부여됐다. 이러한 미션의 수행을 위해서는 적절한 규모와 기능을 갖춘 새로운 시설이 필요한데, 그렇게 고안된 것이 바로 '조선통신사 체험 선박'이다. 국립해양박물관은 선상박물관과 조선통신사 역사를 재현할 조선통신사 체험 선박을 건조해 한일 간 새로운 문화교류를 시도하고자 준비 중이다.

해양의 중요성에 비해, 교육에 대한 지원이나 프로그램이 여전히 부족하다. 지금이야말로 새로운 발전 단계를 모색해야 할 시점인데, 이를 위해 주변국의 교육 상황을 참고할 수 있다.

중국, 일본, 대만은 학교 해양교육의 중요성과 필요성을 일찍부터 인식했다. 그 결과 초중등학교를 대상으로 체계적인 해양교육 확대 방안을 수립하였으며, 해양교육의 공교육화를 지향하고 있다. 동시에 별도의 해양교육센터를 설립·운영해 시스템화했다. 세부적으로 보면 중국의 경우 해양교육을 교육부의 교육과정 속으로 편입하는 등 국가 주도로 신속하게 추진 중이다. 일본은 2018년 문부과학성 학습지도요령에 해양교육을 포함하는 등 학교에 해양교육을 보급·촉진하기 위한 추진지원체계를 갖추었으며, 교육학전공 교수들이 직접 참여하도록 해 교육의 질까지 담보하고 있다. 대만은 국가해양학교 정책을 수립하는 등 해양교육 플랫폼을 구축 중이다.

공교육에서 해양 관련 교육커리큘럼이 전무한 우리나라에 비한다면, 매우 진일보한 수준이다. 우리나라 실정에 맞춘 정책 개선과 적극적인 벤치마킹이 필요하다.

해양교육은 공교육으로부터

미래지향적이고 지속가능한 해양교육 추진을 위해서는 공교육과정 속에 해양교육을 포함시켜야 한다. 공교육화를 위해서는 철저한 사전 준비뿐 아니라 튼튼한 재정 지원도 필요하다. 해양교육의 올바른 공교육화를 위해서는 세 단계가 점진적으로 이루어져야 한다.

첫 번째 단계는 해양교육센터 설립이다. 해양교육 전담기관이 될 센터가 있다면, 체계적이고 지속적으로 교육을 추진할 수 있을 것이다. 센터는 해양 공교육의 거점 역할은 물론, 국가 해양교육 정책 수립과 관련한 사업을 수행하도록 해야 한다. 또한 해양교육 담당 인력을 육성하고, 관련 단체와의 네트워크를 구축하도록 한다. 나아가 해양교육플랫폼을 구축해 해양교육이 각종 인프라와 프로그램의 연계를 통해 자체적으로도 운영될 수 있도록 해야 한다.

두 번째 단계는 해양교육 환경 및 기반 조성이다. 해양교육 영역과 내용, 커리큘럼 개발, 교육과정 연계 분석을 진행해야 한다. 해양교육 관련 연구 확대를 위해서는 일본처럼 교육학 전공 교수의 적극적인 참여가 필요하다. 해양교육 관련 네트워크를 구축하고, 관련 포럼 및 심포지엄을 개최하여 전문성을 확보해야 한다.

세 번째 단계는 법제도의 수정 및 보완이다. 시스템이 체계화되기 위해서는 법적인 부분의 개선이 필수적이다. 법이 뒷받침되지 않는 시스템은 언젠가 붕괴될 수 있다. 법적 근거에 입각해 기본계획을 수립해야만 해양교육의 지속성이 담보될 수 있다. 무엇보다 해양교육의 공교육화는 법적 근거 없이 달성할 수 없다. 이를 위해 2014년 발효된 「해양수산발전기본법」을 대폭 수정·보완해 현실화해야 한다.

2019년 「해양교육·문화 진흥법」이 발의되어 2021년부터 정식으로 발효됐다. 이 법은 학교와 사회에 해양교육을 확대하고 해양문화 콘텐츠를 개발·시행함으로써 해양교육을 활성화시키고 해양에 대한 국민의 부정적 이미지를 해소하는 것을 목적으로 한다. 이를 실천하기 위한 방안으로 국가와 지자체의 해양교육·문화 활성화 정책 수립과 시행 책무 명시, 5년 주기의 기본계획 수립, 해양교육 지원 플랫폼 구축 등이 포함되어 있다. 이어서 2021년 12월 「해양교육문화재단 설립 및 운영에 관한 법률안」이 발의되기도 했다. 여기에는 해양문화 해설사 양성, 해양문화 지수의 조사와 발표 등 해양교육·문화 활성화에 도움이 될 수 있는 여러 방안이 포함되어 있다.

이러한 단계를 점진적으로 거쳐 전 시민을 대상으로 한 해양교육이 이뤄진다면, 더 나은 해양의 미래를 맞이할 수 있을 것이다.

해양인문학

해양문화를 위한 인문적 사유

과학은 점점 인류의 모든 영역에서 필수적으로 적용되고 있다. 해양문화의 영역에서도 마찬가지다. 해양과학 기술을 어떻게 받아들이고 활용하느냐에 따라 해양문화의 미래도 달라질 수 있다.

과학 기술은 양날의 검이다. 예컨대 핵기술이 값싼 전기를 제공한다는 장점을 지니고 있지만, 체르노빌과 후쿠시마와 같은 거대한 재앙을 일으키기도 한다. 현대 과학 기술을 적용한 산업 대부분은 핵기술의 경우처럼 인류 발전과 동시에 재난을 가져다 줄 수 있다. 이와 같이 과학 기술의 진보만을 맹목적으로 믿고, 도덕적 가치나 원칙을 무시해버린다면 인류는 과학의 노예가 되어버리고 말 것이다.

유엔의 개발 원조계획을 조정하는 기관인 유엔개발계획(UNDP, United Nations Development Programme)의 홍보 책자 『인류의 지속가능한 발전』에는 이런 글귀가 실려 있다.

> "이제 전통적인 발전모델은 의심받고 있다. 비록 많은 이들의 생각 속에서 시장경제는 큰 성공을 거두었지만, 현실은 과거 우리가 가지고 있던 발전에 대한 인식들이 이제 더 이상 적합하지

> 않으며, 종전의 방식 역시 발붙일 곳이 없다는 것을 보여주고 있다. 오늘날 발전은 세 개의 큰 위기에 봉착했다."

여기서 말하는 '세 개의 큰 위기'란 정책의 위기, 시장의 위기, 그리고 과학으로부터의 위기다. 과학의 중요성은 의심할 바가 없으나, 그 목표가 '발전'으로만 향해있어 다양성을 확보하기 어렵다. 특히 개발도상국들은 오랜 시간 동안 '발전'을 물질적 발전으로만 여겼다. 유엔개발계획은 이러한 인식이 잘못된 것임을 지적하며, 이러한 관점으로부터 벗어나야 한다고 주장한다.

아인슈타인은 "과학은 더욱 아름답고 만족스러운 인생을 만들기 위한 것이어야지, 인류에게 더욱 무겁고 두려운 죽음을 가져오게 해서는 안 된다."라고 지적한다. 세계적인 물리학자의 발언인 만큼 그 어떤 말보다 섬뜩하게 여겨지기도 한다. UNDP와 아인슈타인이 염려하는 바가 현실이 되지 않도록 하기 위해서는, 과학 기술을 통제하거나 조정할 수 있는 인문적 자질과 소양, 즉 '인문정신'이 필요하다.

인문정신 함양을 위해 무엇보다 중요한 것이 교육이다. 문화는 지식과 행동이 모여 이루어지는데, 이 둘 사이에는 균형이 필요하고 이 균형감을 갖게 해주는 것이 바로 교육이다.

현재 우리나라의 이공계 교육은 여러 문제점을 가지고 있다. 학생과 전문가의 전공지식은 세계에서 손꼽힐 만큼 뛰어나지만, 문화, 역사, 철학 등의 인문적 소양은 부족한 편이다. 이렇게 된 원인으로 과학기술 지상주의적 가치관을 들 수 있다. 즉, 과학기술만이 진정한 학문이며, 인문학은 가치가 없다고 여기는 것이다. 그 결과, 교과 성적은 좋은데 조금이라도 전공영역에서 벗어나 복잡한 사회문제에 부딪히면 해결 능력이 현저히 떨어지는 경우를 종종 목격한다. 인문학의 기본 목적은 '사람'으로서의 사명과 근본을 이해하고, 인간과 사회, 자아와 타자 사이의 기본적인 관계를 적확하게 인식하고 상황에 올바르게 대처하고자 함이다. 과학적 지식만으로는 통합적 사고나 문제해결 능력을 갖출 수 없다. 인간과 사회에 관한 인문적 성찰만이 정의롭고 행복한 미래사회 건설을 가능케 할 것이다.

인류가 '문명사회로의 진보'를 이상적인 발전의 동력으로 삼을 수 있는 이유는 '인간을 근본으로[人本]'하기 때문이다. 문화란 자연적이라기보다는 인간의 창조에 의한 것이며, 문화를 통해 얻어낸 모든 성과가 바로 문명이다.

해양의 세기를 대비해 문명 발전을 이룩하기 위해서는, 해양사업의 발전이 지속가능해야 한다. 해양사업이란 해양에 관한 모든 산업을 가능케 하는 정책적, 법률적, 제도적 및 철학적 연구와 실천, 지원 및 교육 등이 포함된 총체적인 국가사업을 말한다. 해양은 그 어떤 사업보다도 국가적인 비전과 철학적 기초가 중요하다. 동서양의 선진국들은 신해양 시대에 걸맞은해양사업 추진을 위한 기구 설립과 추동에 박차를 가하고 있는 중이다.

해양사업의 주요 목적 중 하나가 해양문화 조성이다. 주된 방법으로는 해양에 대한 인문의식, 역사의식, 심미의식, 행복의식을 강화해 민주적이고 합법적인 보장 시스템을 제공하는 것이다. 무엇보다 해양문화 지식을 확산해, 사회 전체의 해양문화 의식과 해양인문 의식을 동시에 높이는 일이 선행되어야 한다. 탁상공론이나 껍데기뿐인 구호의 제창이 아닌 과감한 투자를 통해 해양문화적 소프트웨어와 하드웨어를 강화해야 한다. 동시에 해양문화의 기본적 이론을 다지기 위한 토대를 신속히 마련할 필요가 있다.

이제까지 해양에서 문화적 요소는 거의 고려되지 않았다. 그 결과 자원 고갈과 환경 오염이 심화되었고, 인간 사회의 안전과 행복에도 악영향을 끼쳤다. 인류 문명의 진보를 위해서는 폭넓은 해양문화를 토대로 과학기술이 함께 고려되어야 할 것이다. 인문학이 과학의 방향을 제시한다면, 과학은 문화적 풍요와 삶의 편리 그리고 성숙을 더하는 것처럼 말이다. 이것이 더 나은 해양문명을 담보하기 위한 최선이자 최고의 해법이다.

나오며

푸른 행성, 수구(水球)

푸른 행성, 수구(水球)

문명의 눈으로 해양 바라보기

이 책에는 지금까지 인류가 해양과 관계 맺기를 하면서 일구어 왔던 해양문명의 궤적들을 둘러보았다. 인류는 배라는 탈 것을 발명함으로써 어렵(漁獵) 채집의 반경을 확대했고 해역으로 이어진 해양 탐험을 통해 더 넓고 다양한 이(異) 문명과 교류하며 고유한 문화를 만들어왔다. 대륙 너머의 다른 대륙과 만나고 남과 북의 극지 정점에도 다다랐다. 해양친화적 의식과 활동은 인류의 발자취를 담지한 유물이나 유적, 그리고 인류의 정신문명 속에 남아 오늘까지 면면히 이어져 오고 있다. 문학을 비롯해 음악, 미술, 영화에 이르기까지. 해양의식과 해양정신은 실로 다채롭고 감동적으로 전해져 오고 있다.

인류가 창조한 해양문명은 아름답고 신비한 해양경관을 바탕으로 오늘날 새로운 부가가치를 창조할 블루오션이 되고 있다. 이 모든 것을 관통하는 것은 해양이 인류문명의 풍요와 발전, 진보를 가능케 한다는 점이다. 해양의 지속가능발전에 대한 모색과 친해성 관련 교육과 연구가 절실해진 이유다. 궁극적으로 과학과 인문학이 행복하게 결합해 공동으로 모색되어야만 진정한 해양문화학이 탄생할 수 있다.

오랫동안 서구가 지향해 왔던 해양에 대한 약탈적 태도는 해양파괴와 해양환경 오염으로 이어져 오늘날 반성과 성찰이 요구되고 있다. 이들의 해양관과 태도에는 몇 가지 부정적 측면이 존재한다. 일방적인 유럽중심주의(Eurocentrism)에 사로잡혀 해양과 해양 문명이 서구의 독점물이라 여긴 점. 그러한 연장선에서 해상패권을 차지하기 위한 전쟁을 벌이고 식민지 확장을 꾀한 점. 해운 및 무역에 대한 지나친 강조의 결과 잔혹한 경쟁 구조를 국제사회에 확산시킨 점 등을 꼽을 수 있다. 서양의 해양 쟁탈로 세계 자원은 황폐화되었고, 생태환경 또한 파괴되었다. 서구 중심의 해양 사유에 기반한 문화 심리와 문화 패권주의 이데올로기는 인류의 미래를 담보할 수 없다.

분명한 것은 오늘날의 해양문명이 결코 서구의 독점물이 아니라는 점이다. 대륙형 사고가 지배했던 19세기 식민지 쟁탈 전쟁의 시기는 오래전에 마침표를 찍었다. 대륙형 사고의 연장이라 할 수 있는 제1·2차 세계대전을 거친 후 자본주의와 사회주의 진영으로 나뉜 채 동서 냉전이 지속되던 20세기도 지났다. 이제는 신(新)해양의 시대로, 해양을 근간으로 한 자원, 관광, 레저, 문화 등 해양산업의 중요도는 점점 커질 것이고, 국가의 해양경영 역량에 따라 세계 질서가 재편될 것이다. 그러기 위해서는 해양을 약탈적 대상으로 대하는 태도를 경계하고, 해양자원과 환경의 지속가능한 발전을 지지해야 할 것이다.

오늘날 기후위기, 식량위기, 경제위기, 안보위기 등 온갖 위기와 난제가 넘쳐난다. 무엇하나 무시할 수 없을 만큼 중요한데, 이렇다 할 해결책은 보이지 않는다. 이제는 관점을 바꿀 때다. 대륙적 사고에서 기인한 국가 간의 대립과 긴장감을 완화하고, 육지 자원의 부족과 한계를 극복하기 위해 우리는 해양적 관점으로의 전환과 문화적·가치적 관점의 해양경영으로 대전환을 서둘러야 한다.

해양성이란 간단히 말해 '바다의 성질, 또는 바다가 가지는 특별한 성질'을 의미한다. 하지만 패러다임의 관점에서 보자면 해양성이란 대륙성과는 구분되는 '인류가 해양과 관계 맺기를 실현하는 과정에서 자연스레 체득한 보편적이면서도 특별한 기질'이라고 할 수 있다. 해양의 물성(物性)으로 유추할 수 있는 해양성이란 변화무쌍함에서 비롯된 다원성과 도전정신, 유동성에 따른 자유와 포용, 통합의 정신이자, 미지에 대한 창조성과 혁신정신 등을 들 수 있다. 이러한 성질들은 위태롭게 격변하는 모험적 사회에 꼭 필요한 시대 정신이자 자질이라 할 수 있다. 고착, 폐쇄, 권위, 질서, 규율을 원리로 하는 '육지적 사고'를 넘어선 유동, 열림, 자율, 창의, 창조적 파괴를 존중하는 '해양적 사고'로의 전환이야말로 국가 간 경쟁심화, 자원고갈, 기후위기 등 현재 인류 앞에 벽처럼 자리한 거대한 난제를 극복해 나갈 또 다른 열쇠일 것이다.

21세기는 해양의 시대이자 해양의 세기이다. 오늘날 해양문화가 하나의 거대한 문화력의 원천으로 여겨지는 것은, 해양이 가진 무한한 잠재력과 가치 덕분이다. 지금부터라도 우리 속에 내재된 해양 DNA를 깨워, 해양의 효용과 가치를 학습하고 이해하고, 활용하고 공존하기 위해 노력해야 한다.

치유와 살림의 해양

2022년 6월부터 8월까지 방영된 드라마 「이상한 변호사 우영우」에는 특별한 장면이 나온다. 위기에 처하거나 선택의 기로에 선 주인공이 어떤 해결책을 찾아내는 장면에서 어김없이 '시원스레 헤엄치는 고래'가 나온다. 자폐 스펙트럼 장애(Autism Spectrum Disorders, ASD)를 가진 주인공의 내면 변화를 그녀가 좋아하는 고래로 시각화한 것이다. 그렇다면 왜 하필 '고래'일까? 여기에 대한 대중의 의견은 분분한데, 어린이들이 공룡을 좋아하는 것처럼 고래가 애착의 상징으로서 반영되었다는 의견이 있는가 하면, 다른 동물과 달리 영리하고 약한 동료를 끝까지 돌봐줄 정도의 정서적 성향을 지닌 고래의 습성을 반영했다는 의견도 있다. 어떤 이유에서든 세상의 편견에 갇힌 채 살아가는 주인공이 자신의 능력을 드러내는 순간은, 탁 트인 바다를 헤엄쳐 나아가는 고래의 모습과 오버랩 되어 극도의 성취감과 카타르시스를 제공한다.

돌고래 매개 치료(Dolphin Assisted Therapy)라는 치료법이 있다. 발달장애 아동을 대상으로 풀장에서 돌고래와 함께 시간을 보내게 했더니 행동, 감정, 언어발달 면에서 유효한 변화가 나타났다는 연구 결과에서 비롯된 것이다. 돌고래 매개 치료의 효과를 주장하는 사람들은 물 자체의 치료 효과와 더불어, 상처 입은 동료를 보호하는 돌고래의 습성이 아픈 아동의 마음에도 영향을 미치는 것이라고 말한다. (자폐 스펙트럼 장애를 가진 어린이가 범고래와의 관계 맺음을 통해 치유된, 실화를 바탕으로 한 감동적 영화 「범고래 등대」가 떠오를 것이다.) 이러한 접근법은 해양을 통한 치유와 재생을 이미 체험한 바 있는, 인류의 집단경험과 간절한 욕구가 발현된 결과일 것이다.

인문적 관점으로 본다면 유구히 전해져온 고래에 대한 인류의 친연성이 드러난 것이라고도 볼 수 있다. 우리 역사에 등장하는 반구대 암각화 속 고래만 해도 그렇다. 암각화에는 북방긴수염고래, 혹등고래, 귀신고래, 향고래, 들쇠고래, 범고래, 상괭이 등 최소 7종의 고래가 그려져 있는데, 그 모습이 매우 정교하고 생생하다. 수시로 배를 타고 바다에 나가, 지근거리에서 관찰하지 않았다면 도저히 그릴 수 없는 그림이다. 7,000년 전부터 고래가 뛰노는 바다는 우리의 삶 속에 있어 온 존재다. 한반도의 해양성은 바로 이러한 경험과 태도에서 비롯되었을 것이다.

해양은 인간은 물론 모든 생명에게도 유익한 공간이다. 특히 해양은 모든 생명에게 치유와 살림의 공간으로서 기능한다. 국가의 해양사업도 여기에 초점을 맞춰 이뤄져야 한다. 예컨대 국립해양박물관의 주요 기능 중에는 '해양생물 테라피'가 있다. 해마다 우리나라 연안에서 구조되는 상처 입은 대형 해양생물이 수백 마리에 달하는데, 구조되지 못한 채 그대로 폐사되는 해양생물도 수천수만에 달한다. 운 좋게 구조된 경우, 전국의 지정기관에 위탁해 일정 기간 치료를 해주고 완치되면 바다로 돌려보내는 사업이다. 국립해양박물관 역시 해양생물 치유센터의 기능을 해 오고 있다.

이 프로그램의 일환으로 국립해양박물관에서는 2017년에 우리나라 연안에서 구조된 푸른바다거북 여섯 마리를 입원시켜 치료해 왔다. 안타깝게도 그 중 두 마리는 이양 직후 먹이활동에 적응하지 못하고 폐사했지만, 나머지 세 마리는 완치되어 이미 바다로 돌아갔다. 마지막 한 마리는 국립해양박물관 수족관에 머물며 치료를 받아왔는데, 어린이들의 사랑을 한 몸에 받았다. 이 푸른바다거북은 시민이 해양생물과 더욱 가까워질 수 있도록 이름을 지어주는 시민공모를 통해 '끼북이'라는 이름까지 얻었다. 지난 5년간의 치료로 완치 판정을 받아 지난 8월 말 서귀포

색달해변에서 방류됐다.

엄마의 품에는 자궁 속에 있을 때부터 들어왔던 엄마의 심장 고동소리가 있고 냄새가 있고 온기가 있다. 울던 아이도 엄마 품에 안기면 언제 그랬냐는 듯 울음을 그치고 다시 꺄르륵거린다. 원초적 기억과 그리움이 배어 있는 엄마의 품은 어린 아기들에겐 안식처이자 병원이며 고향이기 때문이다. 바다로 돌아간 '끼북이'도 마치 엄마의 품으로 돌아간 듯 다시 평안함을 찾고 행복하게 남은 생을 살아갈 것이다. 인류에게 바다는 곧 엄마의 품이다.

그러나, 안타깝게도 바다는 그 치유 기능을 점차 상실해가고 있다. 2018년 8월, 제주 서귀포시 중문 색달해변에서 방류한 붉은바다거북이 한 마리가 11일 만에 부산의 기장 해변에서 죽은 채 발견된 적이 있었다. 전문가의 부검 결과 뱃속에서 200개가 넘는 쓰레기가 발견됐다. 인간이 버린 사탕 껍질, 페트병 라벨, 수도꼭지 연결용 고무관, 낚싯줄, 플라스틱 포장재 등이었다. 이것들을 섭취한 거북이가 다시 뱉어내지 못해 고통받다가 결국 폐사하고 만 것이다. 2022년 한국해양과학기술원(KIOST)에서는 우리나라 연안에서 폐사된 채 발견된 바다거북 총 4종, 스물여덟 마리를 부검한 결과를 발표한 바 있다. 이들의 뱃속에서 발견된 필름 포장재(19%), 비닐봉지(19%), 끈류(18%), 그물류(16%),

밧줄류(11%) 등이 폐사의 직접적인 원인이 되었다고 한다. 특히 거북이는 신체 구조상 "위장 안에 뾰족한 케라틴돌기가 아래쪽을 향해 있어 플라스틱을 한번 삼키면 토해낼 수 없기 때문"에 더욱 위험하다.

육지에는 650만 종의 생물이 서식하는 반면, 바다에는 220만 종이 서식한다고 알려져 있다. 여전히 미지의 공간으로 남아 있는 해양에는 연체동물, 절지동물, 어류, 포유류 및 각종 플랑크톤과 미생물 등 그 수조차 다 헤아리기 힘들만큼 많은 생물이 살고 있다. 해양 오염은 이러한 생명들의 생존과 치유 공간을 앗아가는 것이며, 그 원인이 다름 아닌 인간에게 있다는 사실에 경각심을 가져야 한다.

이미 해양은 회복이 불가능할 정도로 자정능력을 상당 부분 상실했다. 수많은 강물을 다 받아들인다는 의미의 '해납백천(海納百川)'은 이제 옛말이 되었다. 그 많은 생명을 포용해 키워낸 해양이 병들어 가고 있다. 육지에서 버린 쓰레기, 하천 슬러지, 미세플라스틱 등은 바다의 자정력을 심각하게 손상시키고 있다. 그나마도 아직 생태계가 기능할 수 있는 것은 해양이 지닌 대표적 물성(物性)인 원초적 치유력 때문이다.

사물의 온도는 태양으로부터 흡수되는 태양광의 투과력에

의해 결정된다. 즉, 태양광이 도달해 머무는 지표의 온도는 쉽게 데워지지만, 태양광이 도달할 수 없는 깊은 바닷속은 더디게 데워진다. 이렇게 발생한 대지와 대양 사이의 온도차로 인해 대기(大氣)가 '순환'한다. 육지의 고체성과 대양의 액체성이 빚어낸 온도 차이가 아니었다면 대기의 순환도 없었을 테고, 정체된 공기로 지구는 매우 답답했을 것이다. 해양의 물은 대륙의 흙과 달리 한순간도 정지하지 않고 끊임없이 순환·유동한다. 지구 행성 표면을 지나는 대기의 흐름도 해수(海水)의 상층, 중층, 저층의 수온 차에 의해 발생한다. 아울러 극지와 적도 해양의 위치에 따른 수온 차에 의해서도 해수의 흐름이 발생한다. 이러한 요인들이 대기와 해수의 흐름을 형성해 지구를 끊임없이 살아 움직이게 한다. 이렇듯 해양은 인간을 비롯한 모든 생물이 존재할 수 있도록 하는 살림의 공간이자 치유의 공간이 된다. 해양이 곧 생명의 원천임을 결코 잊어서는 안 된다.

풍요와 지혜의 해양

해양은 풍요다. 해양이야말로 인류가 먹고, 쉬고, 즐길 수 있는 모든 것을 한없이 무상으로 내어준다. 뿐만 아니라 인간 사회를 이해하는 방법과 교훈, 무한한 지혜와 올바른 자세를 제공한다.

공자(孔子)는 『논어(論語)·옹야(雍也)』 편에서 "지혜로운 사람은 물을 좋아하고, 인자한 사람은 산을 좋아한다. 지혜로운 사람은 움직이고, 인자한 사람은 고요하다. 지혜로운 사람은 즐겁게 살고, 인자한 사람은 장수한다. [子曰, 知者樂水, 仁者樂山. 知者動, 仁者靜. 知者樂, 仁者壽.]"고 말한다. 물의 성질을 지혜, 움직임, 즐거움으로 연결해 '물을 좋아하는 사람은 지혜롭고 역동적이며 낙천적인 성격'이라 규정한다. 쉽게 말해 산과 물로 대비되는 공간의 물성(物性)에 인간의 성향을 대입한 공자 버전의 MBTI라 할 수 있다. 자세히 들여다보면 해양적 기질로 꼽히는 자유분방함, 역동적 격정, 지혜에 바탕한 도전과 모험, 미래와 행복에 대한 강렬한 로망과 일맥상통한다. 이러한 기질과 태도는 해양문명을 대변하는 해양성의 요체로, 해양영화, 해양미술, 해양음악 등에서도 확연히 느낄 수 있는 정서다.

물에 관한 최고의 명제는 노자(老子)에게서 찾아볼 수 있다. 노자의 『도덕경(道德經)』 제8장은 "최고의 선은 물과 같다.[上善若水.]"로 시작한다. 이어서 "물은 만물을 이롭게 하면서도 다투지 않고, 뭇사람들이 싫어하는 곳에 처한다. 그러므로 물은 도에 가깝다. 사람이 물처럼 살면 거처함에 땅과 사이좋게 지내고, 마음은 연못처럼 고요해지고, 사람들과 더불어 생명[仁]을 소중히 여기고, 말은 신뢰를 귀히 여기고, 정치는 잘 다스려지고, 일은 능력이 이루어지고, 행동은 시의에 적절하며, 무릇 물처럼 다투지 않으므로 허물도 없다.[水善利萬物而不爭, 處衆人之所惡, 故幾於道, 居善地, 心善淵, 與善仁, 言善信, 政善治, 事善能, 動善時, 夫唯不爭, 故無尤.]"고 서술한다.

자연에서 물의 속성을 인간 사회에 적용한 최고의 예가 아닐 수 없다. 수평을 유지하는 공평성, 어떠한 상황도 거부하지 않고 스스로를 변형하면서도 본질을 잃지 않는 완전성, 높은 곳으로부터 낮은 곳으로 임하는 항상성과 마침내 가장 낮은 곳으로 임하는 겸허함 등은 물이 지닌 속성이다. 아울러 조화와 사랑, 배려와 양보, 평화와 공존 등 인간사회가 획득하지 않으면 안 될 가치를 지닌다. 이런 가치를 지닌 세상의 모든 물의 집합체가 '바다' 즉, 해양이다. 그래서 해양은 동서고금을 통틀어 지자(智者)라면 가히 즐길 만큼 최고의 선(善)이자 세상만사를 관통하는 도(道)일 수밖에 없다. 모든 것을 품고 정화하여 바로잡아 제자리로 이끄는 힘이 곧, 해양성의 요체다.

해양으로부터 얻을 수 있는 지혜는 그뿐만이 아니다. 현대적이며 현실적인 명제가 있다. 소설 『아웃 오브 아프리카(Out of Africa)』로 유명한 덴마크 작가 카렌 블릭센(Karen Blixen)은 "무언가를 치유하는 것들은 모두 소금물이다. 땀, 눈물, 바다처럼." 이라고 했다. 바다의 물성에서 기인한 항상성, 치유성 등 추상적인 면을 떠올리게 하면서, 여기에 더해 바닷물 자체가 지닌 화학적·약리적 속성에도 주목하고 있는 명제다. 바다는 짠맛이고 짠맛의 결정은 바로 소금이다. 인류가 소금을 발명하지 않았더라면, 오늘 같은 다양한 문화는 탄생하지 않았을지 모른다. 항상 부패와 전쟁하며 생식(生食) 아니면 직화(直火) 구이뿐인 매우 단조로운 식생활에 그쳐야 했을 것이다. 동물의 피에 의존해야 했을 염분을 제염(製鹽)을 통해 극복할 수 있었던 것 역시 해양생활에서 얻은 지혜의 결과가 아니고 무엇이겠는가! 소금이야말로 세상을 구제하고 치유하는 매우 고귀한 물질이다. 인류의 우려와 고통을 제거하고, 상처를 치유할 수 있는 해양의 기능을 한마디로 요약한 기막힌 정의가 아닌가!

푸른 행성(Blue Planet), 수구(水球)를 지키자!

인류가 살아가고 있는 지구는 해양이 약 71%를 차지하고 있는 '푸른 행성'이다. 인간은 해양과의 관계 속에서 삶과 생명, 풍요와 번영을 얻을 수 있었다. 해양이 지닌 유동성, 완전성, 안정성, 일관성, 하향성은 갈등과 대립보다는 평화와 안정, 조화와 협력에 기여해 왔다. 그래서 해양은 곧 포용이요, 치유요, 살림이다.

대륙은 인류를 보듬을 여지를 점점 잃어 가고 있는 반면 해양은 점점 더 넓은 품으로 인류를 안을 준비를 하고 있다. 이제부터라도 해양과 대화하기 위해서, 이 푸른 행성을 지구(地球)가 아니라 수구(水球)로 여겨야 한다. 이러한 인식이 뼛속까지 스며들 때, 비로소 우리는 육지적 사고를 버리고 해양적 사고로 세계를 보게 될 것이다. 그다음, 행복하고 건강한 해양문명 건설을 위해 해양문화를 어떻게 발전시켜 나갈지 고민해야 한다.

이제 우리에게 주어진 시간은 많지 않다. '푸른 행성, 수구'와의 끊임없는 대화를 통해 지금부터라도 인류가 당면한 과제에 대한 답을 찾아 나서야 한다. 그것이 바로 해양, 더 나아가 '푸른 행성, 수구'를 지키는 길이기 때문이다.

"세상 모든 것에 감탄하는 지혜로운 사람들의 공간"
도서출판 호밀밭

해양 인문학

다시 생각하는 해양문명과 해양성

지은이	김태만
초판 1쇄	2022년 11월 04일
2쇄	2023년 02월 10일
책임편집	하은지
디자인	스토리진
마케팅	최문섭
펴낸이	장현정
펴낸곳	호밀밭
등록	2008년 11월 12일(제338-2008-6호)
주소	부산 수영구 연수로 357번길 17-8
전화, 팩스	051-751-8001, 0505-510-4675
전자우편	homilbooks@naver.com

Published in Korea by Homilbooks Publishing Co, Busan.
Registration No. 338-2008-6.
First press export edition November, 2022.

ISBN 979-11-6826-075-7 03900